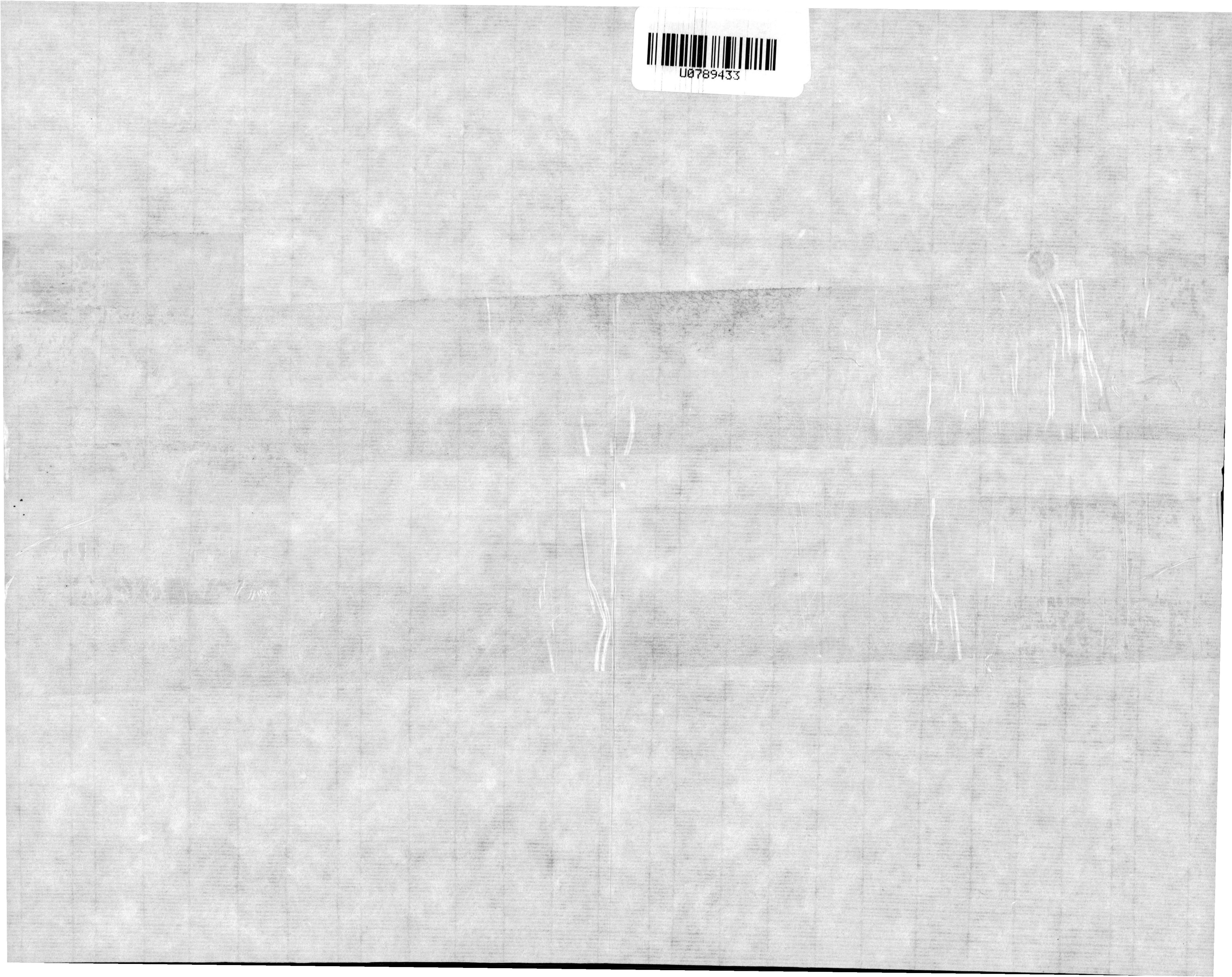

409. 秦射（第2簡簡背）第十四（第1簡簡背）

今本泰作大。簡本■第8、44、62簡「大史」，第35、37、38簡「大阼」，第69、70、71簡「太」及各簡「大夫」外，其餘皆作泰。

今本作第七。編次不同，說見1條。

410. 宰戒官有事于射者（第1簡）

今本官上有百字。鄭注：「作大事，則掌以君命戒於百官。」蓋引周禮大宰職釋此文。彼文云：「作大事，則戒于百官，■贊王命。」宰總戒百官，下「射人戒諸公卿大夫射，司士戒士射」，乃分戒大夫與士。三卿五大夫及眾士均參與■射事，應依今本有百字為長。

411. 竿五十（第2簡）

今本竿作干。陳校云：「干从艸頭，簡文草■頭竹頭不分，此竿字也。」詩干旄■「孑孑干旄」，朱駿聲說文通訓定聲以為段干為竿。鄭注：「干讀為豻，豻侯者，豻鵠豻飾也。」則今本干、簡本竿俱為豻借字。鄭氏定士侯為豻，以為侯中之鵠畫豻而四周復飾以豻者，實據周禮射人職為說。彼文云：「士以三耦射豻侯」。鄭注：「大射禮豻作干，讀如（段玉裁改如為為。今本作讀如，誤。）宜豻宜獄■之豻，豻，胡犬也。」射

人職士射干侯，故知此『干五十』爲豻侯，而竿、豻同爲干之後製正字。鄭引詩『宜豻宜獄』爲小雅小宛篇文。毛詩作岸，釋文引韓詩作犴，是鄭注禮用韓詩。然則作干作竿作豻俱爲今文，古文則作岸。

412. 容磬東面（第3簡）

今本容作頌。說文頁部：『頌，皃也。』皃部：『皃，頌儀也。』段注：『古作頌皃，今作容皃，古今字之異也。』漢書儒林傳顔注：『頌讀曰容。』鄭注：『古文頌爲庸。』是今本作頌簡本作容俱用今文。書益稷『笙鏞以閒』，據周

禮眡瞭職注鄭本作庸，又大司樂職賈疏引鄭注：『西方之樂謂之庸，庸，功也，西方物熟有成功；亦謂之頌，頌亦頌其成也。』書作庸，亦爲古文。鄭氏此注謂『言成功曰頌』，是以頌爲庸之叚借，字作頌，釋從庸。又書注『頌亦頌其成』，正見其從古文者也。于此可見所謂鄭氏糅合今古文者，惟在注中見之，並非改易經字，此其明證也。參見150條。

413. 朔鞞在其北（第4簡）

今本鞞作鼙。說文鼓部：『鼙，騎鼓也。从鼓，卑聲。』

又金部：「鉀，鍪鉀也，从金，卑聲。」▇▇▇▇▇▇▇二字義別。韠亦作鞞，文選藉田賦李善注：「鞞與韠同。」晉書音義上：「鞞亦作韠。」簡所據之本當作鞞，書手誤从革為从金耳。亦猶下桃（鞉字作桃）▇之誤从革為从木，鎛字作鑮之（誤）从金為从食也。

414. 桃倚于客（適）磬西𢦏（第4簡）

今本桃作鼗。說文鼓部無鼗字。革部：「鞀，鞀遼也。从革，召聲。鞉，（鞀）或从兆聲。鼗，鞀或从鼓兆。」是鼗為鞀之或字。簡所據抄之本當作鞉，書手誤从革為从木耳。亦猶上鞞字作鉀之誤从革為从金，下鎛字作鑮之誤从金為从食也。

今本𢦏作紘。鄭注：「紘，編磬之繩也。設鼗在磬西，倚于紘也。」簡倘字有寫作𢦏，此與同作，然西倘或西𢦏均不成文義。釋文：「西紘，音宏。」集韻十三耕「宏」字出▇（音）乎明切，下列厷、紘等字。蓋禮經原本作厷，古鉥厷作[illegible]，初隸化時有作厷，▇（遂由）形似（而）訛作𢦏矣。

415. 幕（冪）錫若絺，綴諸箸（箭），蓋幕（冪），加勺，有（又）反之，皆玄酒在北（第4—5簡）

有(三)反文，晉字兩存此(第4—5組)

作鞾(靴)，鞮鞻鞜、鞹鞾(鞾)、鞾鞸(鞸)，同也。

作鞮，皆誤以為作鞾。■由說文無鞾字，以為作鞾矣。

出■字明矣，下同此。諸本字：鞮鞻鞜鞾等作此，如鞮此

始不成文義。說文：「西胡，音義。」集韻十三耕「鞾」字

補于此也。「簡本字有訛作此，此與同作，既西補誤而成

　　今本誤作此。鞾注：「鞮，鞮屬之屬也。」皆鞮作鞮而

从革也。

亦猶上鞾字作鞾之誤从革為从金，下鞾字作鍠之誤从金為

韡漢簡異文釋　　　　　　　　　　三百六十五

鞾之誤字。簡所據本之本當作鞾，書手誤从革為从木耳。

从革，化聲。鞾，鞾或从此聲。鞾，鞮或从鞮。「是鞾屯

　　今本誤作鞾。說文鞮部無鞾字。革部：「鞾，鞮屬也。」

作鞾作牛字(鍠)鞮鞻殘(第4組)

金為从食也。

革為从金耳。亦猶下鞾■之誤从革為从木，鞾字作鞾之从

書音義上：「鞾亦作鞾。」簡所據之本當作鞾，書手誤从

字義訛。鞾亦作鞾，文選謝朓本書注：「鞾與鞾同。」晉

又金部：「鍠，鐘聲也。从金皇聲。」■ 二

今本錫上有用字。簡本燕禮同節（第2简）作『幕(冪)如(用)郤(綌)如(若)錫』，如為用字之誤寫，則此文誤脫用字。參見352條。

鄭注：『今文錫或作緆，絺或作綌。』今本、簡本同用今文。燕禮告戒設具節鄭注錫下無或字。當依此注，皆或本也。

今本玄下有尊字。燕禮與大射設尊之法相同而記述之文■有異。燕禮：『司宮尊于東楹之西：兩方壺，左玄酒，南上；公尊瓦大兩，在尊南，南上。』大射：『司宮尊于東楹之西：兩方壺；膳尊兩甒在南，有豐，皆玄尊，酒在北。』方壺即散尊，臣爵所酌。燕禮之『公尊瓦大兩』即大射之■『膳尊兩甒』，文中多稱膳尊，君爵所酌。堂上設四尊，膳尊二在南，散尊二在北。膳、散各有一玄酒、一酒。玄酒為上，故在南，君西面，據君而言為在左。設尊據散立文，韋協夢謂之『先尊方壺于東楹之西以為節』。燕禮設兩方壺■云『左玄酒南上』，以南為上，故玄酒在左，言玄酒在南為上，則酒在北；■設公尊瓦大兩云『在尊南南上』，言兩膳尊在兩方壺之南，而又以南為上，則玄酒在南而酒在北，二者皆不言自明也。大射設兩方壺、兩公尊均不言以何為上，末云『皆玄尊，酒在北』，鄭注云：『皆玄尊，二者皆有玄酒之尊，重本也。酒在北，尊統於君，南為上也。』

云皆玄尊即明示兩方壺、兩公尊中皆有一玄酒之尊；酒在北則明示玄酒在南以南為上。二禮記述有異，不過見其行文多變耳。如依簡本無「尊」字，『皆玄酒在北』則將以北為上。古人以左為尊，據君左在南，據臣左在北，尊統于臣，斷無此理。簡本誤脫。

416. 尊士旅食于西鐏之南北面兩員壺，有(又)尊于泰(大)侯之乏東北兩獻酒(第5簡)

今本鐏作鑮。上第3簡設樂縣節『其南鑮』句爛缺，不知所作。釋文：『鑮，本又作鎛。』說文金部：『鑮，大鐘、淳于之屬，所以應鐘磬也。堵以二金，樂則鼓鑮應之。从金薄聲。』『鎛，鎛鱗也，鐘上橫木，上金華也。从金尃聲。』二字義別。然經傳多叚鎛為鑮，周禮『鎛師』，國語周語『細鈞有鐘無鎛』，晉語『戚施直鎛』，皆作鎛。字書無鐏字。簡所據抄之本當作鎛，書手誤从金為从食耳。亦猶上鞞字作錍之誤从革為从金也。

今本員作圜。燕禮第2簡告戒設具節『尊出(士)旅食于門西兩圜壺』，簡本亦作圜。列子說符：『圜流九十里』，殷敬順釋文云：『圜與圓同。』說文口部：『圜，天體也。』『圓，圜全也。』段注：『商頌「幅隕既長」，毛曰：「隕，均

也。」按玄鳥傳亦■曰「員，均也。」是則毛謂員、隕皆圓之段借字。箋申之曰：「隕當作圓，圓謂周也。」據此，簡本作員為圜之古文段借字。

今本獻上有壺字。張爾岐石本誤字云：「兩圜壺，兩壺獻酒，俱誤作壺。」唐石經有壺字。下第84簡獻獲者節■「司宮尊侯于服不之乏東北兩■獻酒，東面南上，皆加勺。」■今本獻上亦無壺字。敖繼公讀獻如字，謂「嫌其為祭侯，且見不他用也。」賈疏以為「此所得獻，皆因祭侯，為侯之神，故用鬱鬯也。」均不確。本師曹元弼先生禮經校釋云「注讀獻為沙，謂此酒濁■必摩沙，因名沙酒。沙酒對酒與玄酒言之，酒以清為貴，用濁酒者，獲者賤也。」分別恰當，當可信據。用以別于膳尊、散尊之一玄酒一酒，亦別于旅食尊之兩壺皆為酒，故曰獻酒。兩明用尊之數，壺明用尊之器，士冠「側尊一甒醴」，鄉飲「尊兩壺于房戶間」，鄉射「尊于賓席之東兩壺斯禁，左玄酒」，■士虞「尊于室中北墉下，當戶，兩甒醴酒」，少牢「司宮尊兩甒于房戶之間」，全經設尊之例，皆既明其數，又明其器，可見壺字不可省。今本獻獲節亦無壺字，敖繼公云：「兩，兩壺也。」或脫一壺字。敖亦以全經之例立說耳。簡本兩獻酒上均無壺字，似非抄寫偶脫，■或用今■文■

■多省字也。

417. 有(又)執(設)洗于護者之尊西北，水在洗北，匪(篚)在東南陳(第6簡)

今本護作獲。簡本第50簡以前除『毋射獲』句作獲外，俱作護。而第62簡後除第63簡『三侯皆護』、『命護者』、第85簡『護者適右个』、第86簡『護者左執爵』、第87簡二『護者』、第100簡『命護者』、第109簡『皆護』等句作獲外，俱作獲。護、獲見(錯)。下三耦射節『獲者與』鄭注：『古文獲皆作護，非也』。蓋古文護顯屬形譌，故鄭氏非之。然則簡本有作護，乃西漢經師以今讀古時據今文改之而未盡者，亦予斷漢簡本為古文或本之最佳證也。漢書王莽傳上『其中子獲殺奴』，顏注：『今書本(有)作護(字)者，流俗所改耳。』恐或人有從古文作耳，非俗寫作護也。參見150條。

今本東在南字下。凡賓主獻(酢)酬正禮，其堂下陳設諸器，篚必南面，罍與洗必北面，東西並列，即上所云『設洗于阼階東南，罍水在東，篚在洗西，南陳』是也。此為獲者之器，篚、罍、洗俱設于其尊之西北，(尊設于)大侯乏之東北，(則)亦即大侯之西北，云『水在洗北』，自是篚東面而罍、洗西面，三器南北並列，故罍必在洗器之北而篚在其南。依簡本篚在洗東而南面，則必罍、洗北面而東西並列，與『水

在洗北」句相矛盾矣。其文誤倒無疑也。

418. 泰(大)射正擯，賓者請賓（第9簡）

今本賓者作擯者。擯者為公之輔相，大射大射正為擯者，猶燕禮射人為擯者。「大射正擯」即大射正為擯者，簡本作賓；下「擯者命賓」，簡本亦作賓。惟此請賓句作賓者，顯係誤寫。

419 奏世夏（第11簡）

今本世作肆。簡本燕禮記第50簡亦作肆。此作世者，鄭注此文及周禮鍾師職俱引呂叔玉云「肆夏，時邁也。」詩時邁「肆于時夏」，釋文：「音四。」簡文以聲同假世為肆耳。

420. 賓右北面至再拜，賓合(荅)拜（第11簡）

今本荅下有再字。簡本燕禮同節亦有再字。此即所謂「拜至」。鄉飲、鄉射主人從阼階升，在阼階上拜；賓從西階升，在西階上拜。燕禮、大射由宰夫代君為主人，主人亦由西階升，故與賓同在西階上拜，主人在賓之右。主人再拜，賓與主人尊卑相敵，亦當再拜。簡本誤脫。

說。

古。主人再拜，賓與主人更拜相讓，[illegible]亦當再拜。尚本

人。主人亦由西階升，以與賓同在西階上拜，主人答賓之

賓從西階升，在西階上拜。識讓，大射由客夫改西為主

即所謂「拜至」。鄉飲、鄉射主人從西階升，答拜於西階上拜。

令本各下有再字。尚本無同[illegible]亦有再字。此

420. 賓西北面再拜，賓合答拜（第二頁）

于諸賓，『譯文[illegible]。』音四。『以降同限無為譯年。

[illegible]以名欲主云』釋賓，遂逗。』[illegible]』譯

禮漢漢同異文譯　　　　令古本

今本無作譯。尚本[illegible]以50尚亦作譯。此作故者。

419. 養老賓（第二頁）

者，賓禮從說。[illegible]

尚本作釋，下『謂賓合賓』尚本亦作釋。據此謂賓為作

者，猶隨射人為獲者。』大射正獲』即大射正為獲者，

今本賓皆作獲者，獲者為公之賓相，又大射大射正為獲

418. 養射正獲，賓者獲賓（第9頁）

在此此下句相承而來。其文誤同無疑也。

421. 諸子埶(設)折祖(俎)(第14簡)

今本諸作庶。下第108簡坐燕節「則不獻庶子」，第109簡獻庶子等節「獻庶子于阼(阼)階上」「如獻庶子之禮」，第113簡賓出公入節「則庶子執燭於阼(阼)階上」，作庶與今本同。此外簡本俱作諸。第102簡徹俎安坐節「請子正徹公祖(俎)」，請為諸字之誤寫。周禮夏官序官「諸子」，鄭注：「諸子，主公卿士大夫之子者。或曰庶子。」文王世子：「庶子之正於公族者。」書康誥：「矧惟外庶子訓人。」胡匡衷儀禮釋官云：「諸、庶訓皆為眾，諸子庶子皆掌國子，國子眾多，故云諸，或言庶，諸庶通名。」作諸或係古文。

422. 樂吃(第15簡)

今本吃作闋。簡本本篇皆作吃，而燕禮第49簡記「主人荅拜而樂闋」，第50簡「主人升受爵以下(而)樂闋」，二字皆漫漶，摹者定作闋。字書無闋字，縱如所定，亦不過闋之形譌耳。鄭注：「闋，止也。」說文言部：「訖，止也。」訖、闋同訓。此吃為訖之形譌。簡本闋、訖兩作。

423. 公祭，如賓禮，諸(庶)子贊肺，不拜酒，立卒爵(第19簡)

今本贊下有授字。燕禮同節今本亦有授字，簡本第13簡爛缺，不知所作。如賓禮者，如賓之祭薦脯醢、祭肺、祭酒也。公之祭與賓不同者，如下文所云：賓無贊者，公尊，以庶子為贊者，一也；酒今文所[illegible]：[illegible]，[illegible]，[illegible]，一[illegible]：[illegible]

[illegible]

今本[illegible]。[illegible]本[illegible]

（[illegible]）

423. [illegible]

[illegible]

今本[illegible]

[illegible]

422. [illegible]（[illegible]）

[illegible]

今本[illegible]

421. [illegible]（[illegible]）

[illegible]

為己物，公不拜酒，亦不告旨，二也；賓坐卒爵，公立卒爵，三也。庶子之贊祭，即代公取肺而授于公。如無授字，■贊肺豈代公為祭乎，必不然也。簡本誤脫。

424. ■降鄭(奠)于膳匪(篚)(第19簡)

今本無膳字。燕禮同節今本亦有膳字，簡本第13簡爛缺，不知所作。上陳燕具席位節：「設膳篚在其北，西面。」此主人獻公用象觚，主人升受公之虛觚，當降置于膳篚。簡本是，今本誤脫。

425. 更爵洗，升酌散以降，酢于作(阼)階下，北面鄭(奠)爵再拜稽首(第19—20簡)

今本面下有坐字。燕禮同節今本亦有坐字，簡本第14簡爛缺，不知所作。坐與之節固多省文，然此主人受公之酢，在阼階下拜受爵，異于常禮，不應省坐字。下卒爵後亦「坐鄭(奠)爵再拜稽首」，簡本與今本同，則此亦以有坐字為長。

鄭注：「古文更為受。」今本、簡本俱用今文。

426. 賓西面拜(第22簡)

今本面作階，下有上字。燕禮同節今本面亦作階，下亦有上字。簡本第15簡爛缺，不知所作。宰夫代公為主人，

亦有上字。簡本第13簡爛缺，不知所作。「宰夫代公為主人，今本面作陌，下有上字。燕禮同節今本面亦作陌。下

425. 賓西面拜（第22簡）

鄭注：「古文更為受。」今本，簡本俱用今文。

字為受。

亦「坐奠（奠）爵再拜稽首」，簡本與今本同，則此亦以有坐爵，在階下拜受爵，異于常禮，不應省坐字。下卒爵拜簡爛缺，不知所作。坐與文前面多省文，然此主人受公之今本面下有坐字。燕禮同節今本亦有坐字。簡本第14

（卒爵再拜稽首）（第19—20簡）

426. 更爵洗，升酌膳以降，酢于作（阼）階下，北面坐

今本無酢。

公酌自酢，主人升受公爵于席前，當降于階下，簡本是。上東面公 [illegible] 謀。不知所作。今本無 [illegible] 字。燕禮同節今本亦有 [illegible] 字。簡本第13簡爛

427. 賓降洗，升媵觚于公（第16簡）

[illegible] 賓降洗，公升 [illegible]，今本無 [illegible] 字。[illegible]。簡本 [illegible]。

賓主人拜位俱在西階上，故其拜北面。堂上唯公西面拜于席上，（君拜臣無西面拜者。）此云西面拜，既不明拜于何處，又賓無背君之位，足證簡本之誤。

427. 騰(媵)爵者立于洗南，西面北上，遂進浣(盥)洗角觶(觶)，升自西階，徐進酌散，交于楹北，降作(阼)階下，皆鄭(奠)觶(觶)再拜稽首，執觶(觶)，公合(答)拜(第23—24簡)

今本遂、徐俱作序。此二人媵觶節，二下大夫相次而進洗觶，又相次而進酌酒，其義相同，不應異字。簡本遂

皆作述，序或有作徐。此節四「序進」句，三句作徐，一句作遂；燕禮第17、18、19簡同節四「序進」句除缺(爛)一句外，三句俱作序，與今本同。據此而知，徐、序縱有錯見，作遂顯屬誤寫。

今本降下有適字。下第25簡同節又「降作(阼)階下」句，今本亦有適字。燕禮同節今本、簡本俱無適字。此文鄭注：「古文曰降造作階下。」說文辵部：「適，之也。」小爾雅廣詁、莊子山木釋文並云：「造，適也。」適、造義近。徐養原疏證云：「造乃字之誤。升曰造，降曰適。」徐說殊固。二媵降自西階至作階下拜，故曰適，于義當有適或造

字。下第46簡君與賓耦射節『司射去符(扑)作(阼)階下告射于公』，今本作上亦有適字。鄭注：『今文曰阼階下，無適。』彼文司射雖非自西階降，但至阼階下則同。然則今文俱無適字，古文有適字，或作造。簡本燕禮、泰射俱用今文。燕禮今本無適字，鄭氏雖無注，亦用今文。（此文即删去適字也。）可見古文隸寫時多有滲入今文者，鄭氏不過能辨今古，固未嘗或從今或從古而改易經字也。參見150條。

今本執觶下有興字。下『執觶(觶)興』句，簡本與今本同。燕禮同節二『執觶(觶)興』句，簡本俱與今本同。因拜而奠觶，必坐；拜畢執觶，必興。下云『媵爵者皆坐祭』，興而能遂至席上祭酒，故當有興字。坐興之節固多省略，此儀銜接，以今本不省為長。

428. 公合(荅)拜(第24簡)

今本拜上有再字。盛世佐云：『此云荅再拜，衍一再字耳。』韋協夢云：『凡臣拜君再拜者，君亦荅再拜。上兩「公荅拜」不言再拜者，文不具。』案燕禮同節簡本五『公荅再拜』句，今本同。此篇五『公荅拜』句，今本唯此云『再拜』，其他俱無再字，與簡本同。二人再媵觶節，燕禮二『公荅再拜』句，今本、簡本同。大射二『公荅拜』

字。下[illegible]者[illegible]階下告[illegible]
也」。今本作上亦有適字。鄭注：「今文曰『阼階下』，無適。」
說文[illegible]西階[illegible]至阼階下則[illegible]。然則今文與燕
適字。古文有適字，故作適。簡本、燕禮、鄉射禮與今文。
燕禮今本無適字，[illegible]注，亦同今文。可見古文[illegible]
[illegible]文者，[illegible]今古，固未當定從今或從古
而改[illegible]字也。參見50條。

今本無[illegible]字，下有「與」字。下[illegible]
同。燕禮[illegible]簡本與今本同。[illegible]
莫辭。[illegible]執觶，必興。下[illegible]

與而[illegible]祭酒，故當有[illegible]字。[illegible]
此儀衍[illegible]今本不重[illegible]字。

42. 公答再拜（第24簡）
今本拜上有再字。臧庸云：「此公答再拜，衍一再
字耳。」胡培翬云：「凡臣拜君[illegible]，君亦答再拜。上
篇『公答拜』，不言再拜者，文不具也。」[illegible]簡本[illegible]
[illegible]公答[illegible]拜」也，今本同。[illegible]今本[illegible]
[illegible]再拜」，[illegible]簡本同。二人再拜稽首。
[illegible]之「公答再拜」也，今本、簡本同。[illegible]「公答拜」

句，簡本一欄缺一與今本同。燕禮、大射媵觶皆下大夫，不應有異。然君臣尊卑之異，在臣之再拜稽首，不在君之荅一拜抑荅再拜，故燕禮皆再拜，大射皆一拜，不以為違迕也。盛世佐以此文為衍再字，得簡本證實，而韋說非也。

429. 作（阼）階下皆再拜稽首（第24—25簡）

今本皆下有北面二字。臣與君為禮在阼階下拜，君在堂，自當北面。此節阼階下拜凡四，初次明言北面，下三次可省二字。燕禮同節今本唯初次見北面二字，大射則二見；簡本則二禮皆初次見北面二字，餘俱省文，自較一律，當從簡本。

430. 縢（媵）爵者洗瑑觗（觶）（第25簡）

今本瑑作象。簡本燕禮作象與今本同，泰射俱作瑑。為誤加形旁，猶奠之作鄭加之作駕也。

象觶，公（諸侯）所用觶，加王旁，豈亦如金文文武字有作玟珷之例耶？未敢臆定也。否則作瑑

431. 鄭（奠）于匪（篚），易觗（觶）洗（第26—27簡）

今本洗上有興字。奠觶必坐而省坐字，洗解必興而就洗器立洗，自亦可省興字。燕禮同節今本亦無興字。坐興之節多省字，則此亦當從簡本。

也。簡本■一簡缺一與今本同。讀■。大■■■下不失之。

■不應有矣。說■■■■之具。今■■之■■，■■■■。

之各一■■各■■。故■■■■■■。不■■一■不不以為■。

■也。■■■以■又■■■■。■■本■■。而■■非也。

429. 作(乍)■■■■■■ (第一一一■簡)

今本皆下■北西二字。■■■■■下■。■■

■。■當北西。■■■■■■■四，■■■■北西。下三

■■■■。■■■■■■■■■■■■■■■■■■■■■二

■：簡本則二■■■■北西二字。■■■■文。■■一■。

■■簡■異文釋 三百五十五

當■簡本。

430. ■(■)■■■■■(■) (第■■簡)

今本■作■。簡本■■作■與今本同。■■■作■。

■■■，■■■■■■■■■■■■■也。

■■■■■■■■■■■■■■■■■■■■■■■■■■■■

431. 紳(■)■■(■)：■■(■)說 (第■一■簡)

今本說上有與字。■■■■■■。說■■與■說

說■■說，■示可■與字。■■同■今本示無與字。是與

■■■■■。則以示當■簡本。

432. 司宮兼捲重席（第29簡）

今本捲作卷。簡本■（燕禮同節今本亦作卷，）第22簡爛缺，（不知所作。）說文卩部：「卷，厀曲也。」又手部：「捲，收也。（一曰捲）」經傳多叚卷為捲，簡本用後製正字。

433. ■主人洗升（第33簡）

今本洗下有觚字。此獻大夫節，主人從堂下西面位■就篚取觚，洗而登堂，以獻大夫。本■（屬）略敘，更省觚字，無害文義。燕禮獻卿獻大夫，簡本、今本俱省觚字，則此文亦當從簡本。

434. 乃撫工于西階上（第35簡）

今本撫作席。陳校云：「簡文撫字亦近于撫，而燕禮第四十二簡庶字今本作席，」（參有司第六十二簡校記。）此為工布席，漢隸布席字或誤加形旁耳。

參見328、392條。

435. 僕人正徒相大師（師），（僕師（師））相少師（師），僕人士相上工（第35簡）

432. 日[illegible]東[illegible](第29简)

今本諸作善。简本[illegible]第32简[illegible]，[illegible]口善。

『善，[illegible]由也。曰人之[illegible]：』[illegible]，[illegible]也。』[illegible]

简本用[illegible]正字。

433. 主人洗手(第33简)

今本洗下有爵字。此爵大夫等，主人[illegible]于西面位。

[illegible]，以爵大夫。[illegible]

无[illegible]之义。[illegible]大夫，简本，今本[illegible]，则此

[illegible]

文本[illegible]简本。

434. [illegible]工于西[illegible]工(第34简)

今本諸作[illegible]。[illegible]

第四十二简[illegible]今本作[illegible]

說文[illegible]

参见328、338条。

435. 僕人五[illegible]百大[illegible]。[illegible]，僕人士[illegible]工(第35简)

今本僕師作僕人師。左傳昭公十三年楚有正僕人，即僕人正。檀弓上：『扶君，卜人師扶右，射人師扶左。』鄭注：『卜當為僕，聲之誤也。』即僕人師。其職曰僕人，正為其長，師為其副，士為其屬吏。正與士均稱僕人，則僕師無〔師上〕人字不可通，簡本誤脫。

436. 相者皆左何瑟，後首，內弦，汙越（第35—36簡）

今本汙作挎。燕禮升歌節今本作執越，簡本第28簡此二字爛缺，不知所作。鄉飲『後首挎越』，鄉射『面鼓執越』，瑟之可鼓處在首，面訓前，面鼓與後首正相反。越為瑟下孔。挎，持也，近尾持之。故稱執越必面鼓，稱挎越必後首。表記『汙澤也』、爾雅釋丘注『頂上汙下者』，

釋文並云：『汙本作洿。』然則此文蓋由挎誤洿，由洿誤汙耳。

鄭注：『古文後首為後手。』簡本、今本均用今文。胡承珙疏義云：『當作首不應作手。春秋成二年曹公子首，公羊、穀梁作曹公子手。此古文首為手者，皆段借字。』

437. 主人西階拜送爵（第37簡）

今本階下有上字。簡本燕禮獻工節第29簡亦有上字。西階上為賓之拜位，燕禮、大射宰夫代公為主人，故其拜位亦在西階上。西階上指西序端近西階之處，西階則指升降所由之階。階無拜位，簡本誤脫。

今本挎作持。《燕禮》升歌節今本作執越，簡本第28簡此二字闕缺，不知所作。《鄉射》：「挎越」，後首挎越」，《大射》曰：「面鼓執越」，鼓之可鼓處在首，面朝前，而鼓與後首正相反。越為鼓下孔。挎，持也。近尾持之。故稱執越以面鼓，稱挎越以後首。《表記》：「汙漢也」。《釋文》注：「庸上汙下音乎」，

《釋文》並云：「汙本作挎。」案則此文蓋由挎誤為汙，由汙誤汙耳。

乃管新管三終，卒管，大帥（師）及少帥（師）上工皆東，東坫之東南，西面北上（第38簡）

今本新管作新宮。管謂吹簜，簜為笙簫之屬。■新宮，樂章名。简文涉上下管字寫誤。

今本不重東字。鄉射樂工遷位節：「命弟子贊工，遷樂于下。弟子相工，如初入，降自西階，阼階下之東南，堂前三笴，西面北上坐。」樂工西階上少東之位，以將射，故遷其位。大射不言遷樂，觀其儀此■即■樂工遷位之文，與鄉射略同。上設樂縣節：「樂人宿縣于阼階東，笙磬西面，其南笙鐘，其南鑮，皆南陳。」此所謂東縣，即縣樂于東壁。又：「西階之西，頌磬東面，其南鐘，其南鑮，皆南陳。一建鼓在其南，東鼓；朔鼙在其北；鼗倚于頌磬，西紘。」此所謂西縣，即縣樂于西壁。又：「建鼓在阼階西，南鼓；應鼙在其東，南鼓；一建鼓在西階之

堂
西坫
東坫
西階
阼階
簜
建鼓
應鼙
建鼓
（階間之縣）
（階東）
碑
（東縣）
（西縣）
東壁
西壁
門
西塾
東塾

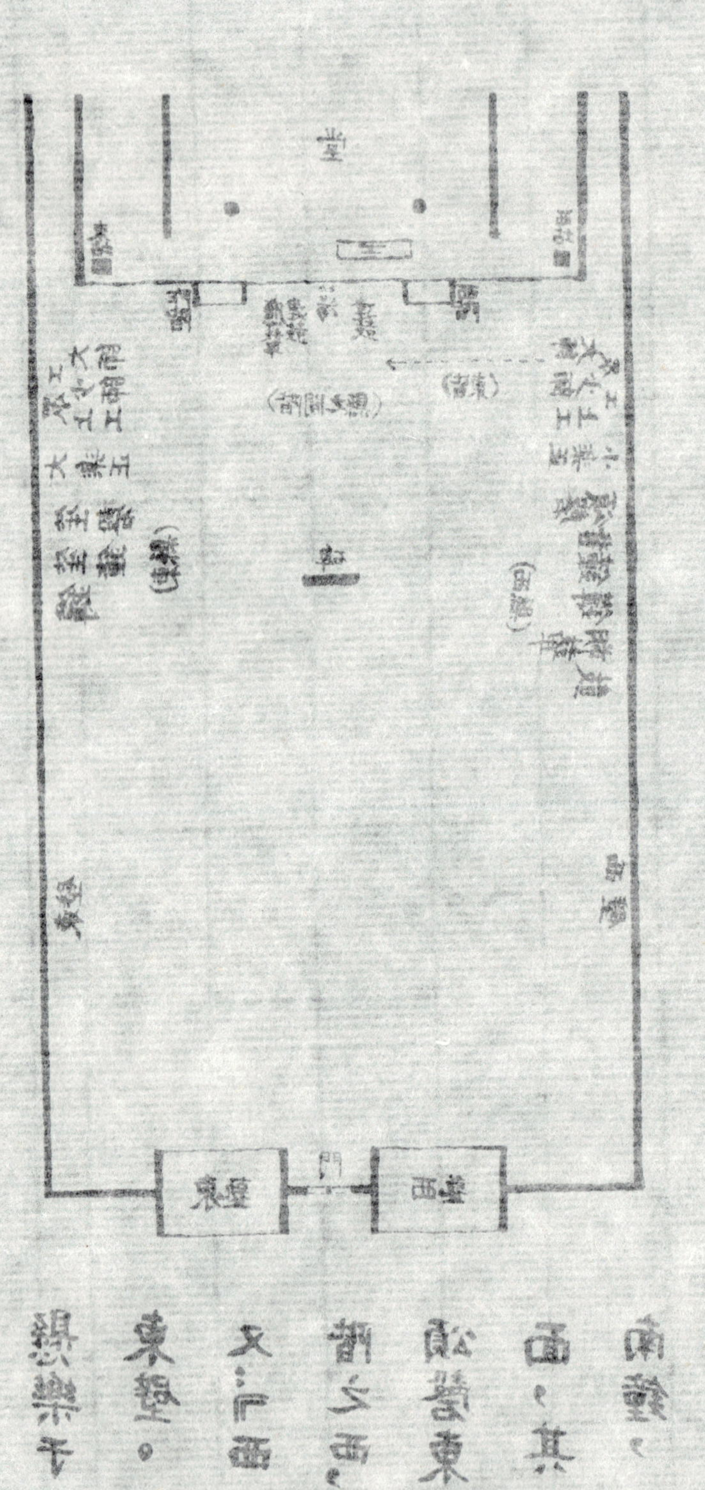

東，南面；蕩在建鼓之間。」此所謂階間之縣，即懸樂于東西階之間。階間、東壁、西壁皆懸樂，即所謂「諸侯軒縣」。此節云「卒管」，作樂已畢，將舉行射事，樂工當還位。樂工之席本在西階上，上獻工畢，云「太師及少師上工皆降，立于鼓北，群工陪于後。」堂下樂工立位在鼓北，鄭注：「西縣之北。」蓋東縣無鼓，階間雖有鼓，近堂廉，其北無隙地可容群工，故知在西縣之北也。鄉射還樂，群工從西階降，即至阼階下之東南坐位，無西階下立位，以還樂在正樂畢後，毋須有立位；大射太師等降堂，堂下蕩吹新宮猶未作，應有立位以俟樂畢。堂之東南角有東坫，西南角有西坫，東坫之東南，正當東縣之北，亦即鄉射所云「阼階下之東南，堂前三笴」之處。而前之鼓北立位，即西坫之西南，立位與坐位正東西相向，如上圖所示。簡本重東字，云「皆東」者，即由西坫之西南向東而行；下云「東坫之東南」，即明其坐位所在。今本誤脫東字，則樂工還樂之義與夫異于鄉射之節均不能明，得簡本始覺前後脈絡昭然明晰。簡本縱多寫誤，終屬西漢之本，保存原書真面甚多，此即其勝義之尤著者。

今本此上下有坐字。此時樂事已畢，射事開始，樂工無所事事，獻工時猶以瞽者而得不拜不祭，至此更不應使

其久立，當有坐字，簡本誤脱。

439. 南面坐舉觶（觶）（第40簡）

今本舉作取。簡本燕禮第33簡同節亦作取，與今本同。禮經舉觶，專為旅酬。此節司正表位察儀，自酢卒觶後，此左還南面復取觶洗，遂以虛觶反奠，終不復用，何來舉觶，簡本寫誤。（陳校引阮元校勘記以證取字為奠字之誤。阮氏所校實為上「南面坐奠觶」句，非此句，陳校失之。）

440. 於弓外見鍭於拊，右鉅指句弦（第41簡）

今本鍭作鏃。簡本鏃皆作鍭。說文㫃部：「族，矢鋒也。」又金部：「鏃，利也。」段注：「今字用鏃，古字用族，金部曰鏃者利也，則不以為矢族字矣。」集韻一屋：「鏃、族、鍭，或省，亦作鍭。」然則古作族，今作鏃，鏃為加形旁後製正字，而作鍭者乃鏃之省。簡作鍭，亦鏃之省也。

今本拊作弣。今本弣字，簡本此簡作拊，第48簡作付，第56、69簡作符。鄭注：「弣，弓把也。」少儀云「削授拊」，鄭注：「拊謂把。」刀把曰拊，簡段拊為弣。拊與付通，廣雅釋詁云：「拊，求也。」朱駿聲說文通訓定聲以為拊段借為付，謂「付之為求猶匄之為與」，義相因。付與符通，釋名釋書契云：「符，付也。書所敕命於上，付與[illegible]通。釋名釋書契云：「[illegible]，[illegible]也。言所敕命於上，[illegible]

為[illegible][illegible]借為[illegible]，謂「[illegible]之為[illegible]，[illegible]之為[illegible]，義相因。」[illegible]

[illegible]通，廣雅釋詁：「[illegible]，[illegible]，來也。」朱駿聲說文通訓定聲以

[illegible]，鄭注：「[illegible]謂杞。」[illegible]曰[illegible]，[illegible]段[illegible]為[illegible]。[illegible]與

[illegible]56。69簡作[illegible]。鄭注：「[illegible]，[illegible]也。」[illegible]儀云「[illegible]

今本[illegible]作[illegible]。今本[illegible]字，簡本此簡作[illegible]，第48簡作[illegible]，

作[illegible]，[illegible]而作[illegible]之[illegible]也。

一處。「[illegible]」、[illegible]、[illegible]，亦作[illegible]。[illegible]則古作[illegible]，今

用[illegible]，金甫曰[illegible]音判也，則本以為夫[illegible]字矣。集韻

也。又金部：「[illegible]，判也。」[illegible]注：「今字用[illegible]，古字

[illegible]而異文釋

二百八十

今本[illegible]作[illegible]。簡本[illegible]皆作[illegible]。說文金部：「[illegible]，[illegible]

440 [illegible]（[illegible]）

阮氏所校實為王引南面坐真解正之，非此之，陳[illegible][illegible]之（[illegible]

解，簡本為誤。（陳校引阮元[illegible]說以為[illegible]字為真字之誤。

此[illegible]面復原解，遂以[illegible]解反[illegible]，致不復用。何來

[illegible]解，[illegible]為[illegible]。此節以主[illegible][illegible]，自[illegible][illegible]，

今本[illegible]作[illegible]。簡本[illegible]33簡[illegible]作[illegible]，與今本同。

433 南面坐[illegible]（[illegible]）（[illegible]40簡）

其文[illegible]，當有坐字。簡本誤脫。

使傳行之也。」簡本蓋以聲義並通而又段付、符為拊也。

今本鉅作巨。說文金部：「鉅，大剛也。从金巨聲。」段注：「引申為鉅大字。」又工部：「巨，規巨也。从工，象手持之。榘，巨或从木矢，矢者其中正也。」段注：「按後人分別巨大也、矩法也、常也，與說文字異。」廣雅釋詁云：「巨，大也。」小爾雅廣詁、一切經音義卷六引字林同。然則簡本作鉅用本字，今本作巨為段借字。莊子天下「以巨子為聖人」，釋文：「向、崔本作鉅。」二字以聲同通段。

今本句作鉤。句、鉤聲同通段，淮南子氾論訓高注云「鉤讀濟陰句陽之句」可證。

441. 為正請射（第41簡）

今本正作政。本篇大樂正、小樂正、大射正、小射正、小臣正、射人正、僕人正、司馬正、庶人正作正，司正作政，或作正。政、正錯雜並用。案二字聲同通段，書甘誓「御非其馬之正」，墨子明鬼下引作政。詩節南山「不自為政」，緇衣引作正。周禮夌人職鄭注：「故書正為政，政當為正。」書序「成王政」，釋文：「馬本作正。」二字通作，群書例不勝舉也。

為正。『書序』『政』衣次『釋文』：『政，本亦作正。』『群書』何本亦作正

政。『詩』『本』亦作『正』。『周禮』『入』『國』『憲』注：『政，書正為政。』政，書

『御』非其為之正。『墨子·明鬼』下引作政。『詩·節南山』：『不自為政』

政，為作正。政，正音通用。秦之策，周通政。『書·甘誓』

小正。則入正。讀入正，則為正，禹入正作正，之亦作

今本正作政。本為大與云，小篆正，大篆正，小篆正。

高正諸子校釋（第二編）

二百八十一

漢簡異文釋

『動萬物使之諧之』句可證。

今本『句』作『物』。『句』、『物』聲同通假。『淮南子·氾論』高注云

說。

入也。『釋文』：『向』，崔本作金。二字以聲同通

作。金用本字，今本作巨為段借字。『莊子·天下』：『以巨子為聖』

大也。『小爾雅·廣詁』，一切經音義卷六引字林同。是則簡本

分別[illegible]巨本也，從木巨聲，當也。『說文』異『廣雅·釋詁三』：『巨，

手持之。案：巨為以木，未審其中正也。『段注』：『從矢』，入

段注：『引申為金木之器。』又工部：『巨，規巨也。從工，象

今本金作巨。『說文·金部』：『金，大剛也。從金巨聲。』

便傳寫之也。簡本蓋以聲義並通，而又戾材，將為排也。

442. 賓之弓矢與中擣(豊)皆止于西堂下，衆弓矢弗(不)挾，總弓矢楅皆適次而寺（第42簡）

今本擣作籌。說文手部：「擣，手推也。一曰築也。」史記龜策列傳：「上有擣著，下有神龜。」索隱云：「擣音逐留反，擣著即蓍著。擣古稠字。」擣、籌、稠同音，蓍與擣、籌一聲之轉。

今本挾作挾。陳校云：「挾，是挾誤書。」鄭注：「方持弓矢曰挾。」謂架矢于弓弦，則挾當為挾之俗寫。鄭注：「古文挾皆作接。」胡承珙疏義云：「挾與接同聲亦同義。」簡本、今本同用今文。

今本總下有衆字。衆弓矢對君之弓矢、賓之弓矢而言，「君之弓矢適東堂，賓之弓矢止于西堂下」，尊君與賓，故別置之。諸人所用，不加分別，共置于次。不挾，即非一弓四矢相配合。總，即合而束之。不挾方可稱總。不挾云「衆弓矢」，則總亦當云「衆弓矢」。簡本脫衆字。

今本寺作俟。今本俟字，此簡作寺，他簡作起。鄭注：「今文俟作待。」簡本寺有作侍，而侍又通待，簡本用古文。參見367條。今本俟亦古文，說見446條。

443. 工人士與梓人升自北階（第42簡）

今本捽作梓。說文木部：「梓，楸也。从木宰省聲。梓，或不省。」簡本用或字而又誤寫从手旁耳。

444. 若丹若黑（第42簡）

今本黑作墨。古無墨字，卜辭有[illegible]（拾一·四）、鑄子簠銘有[illegible]（代十·三）字，俱用黑為墨，簡文亦段黑為墨也。

445. 卑者與尊者為偶不異侯（第44簡）

今本偶為耦。文選文賦李善注：「耦與偶古字通。」莊子齊物論：「嗒焉似喪其耦」，釋文：「耦本又作偶。」

鄭注：「古文異作辭。」簡本、今本俱用今文。胡承珙疏義云：「異與辭聲雖可通，而形義皆不相近。」案古文作「不辭侯」，■司射此誓■（實）指卑者而言。上誓云「公射大侯，大夫射參，士射干」，尊卑本不同侯；惟與尊者為耦，則卑者不必嫌與同侯而辭之。古文詞雖稍晦而義實委婉也。然則古今文本不同義，胡說殊固。

446. 述（遂）比三偶（耦），偶（耦）起于次比（第44簡）

今本偶起作三耦俟。下第57簡將射命耦節「述（遂）比衆偶（耦），立于大夫之南」，今本重衆耦二字。二文句倒正同，而簡本皆有脫誤。比耦為司射執行射事，下句■（記）三耦或衆

而蜀本皆有脫誤。此篇為舊韓敕所射事，下句■三篇效
瑞（瑞），並于大夫之南』。今本重敦瑞二字。二文句法正同，
今本瑞既作三瑞矣。下文引蜀詩射命瑞節『瑞（瑞）既與
其。瑞（瑞）既三瑞（瑞），瑞（瑞）既于次也（第4篇）
而義實多歧也。然則古今文本不同義，明說殊固。
尊者為瑞，則卑者不必嫌與同儀而辭之。古文詞雖簡
『公射大侯，大夫射參，士射干』，與蜀本不同儀，並與
古文作『不辭侯』。■■句射此誓賣指卑者而言。上譬尤
洪頤義云：『異與辭聲雖可通，而辭義皆不相近。』案
譚注：『古文異作辭。』蜀本。今本俱用今文。胡承
譚漢簡異文釋　　二百八十
于齊物論：『若曹陳其雜』，釋文：『崔本作籍。』
今本瑞為瑞。文選文賦李注：『辭與籍古字通。』注
造（卑者與尊者為儀不異儀）（第5篇）
有奧（六十三）字，俱用黑為墨，而文亦段黑為墨也。
今本黑作墨。古無墨字。下篇有史（第1.8），論語孫
年。若卑者黑（第62篇）
將，疑不宜。『蜀本周南召南』字而又誤以手旁為耳。
今本作將。說文木部：『將，栚也。』从木聿省聲。

耦之立位。凡射，必先■（比）三耦試（使）射■，三耦為專詞，不得單稱耦。簡本此文誤脫三字，下文誤脫眾耦二字。

說文立部：「竢，待也。」今本作俟為竢之段借。詩靜女「俟我於城隅」，周禮內饔職「以俟饋」，均段俟為竢。說文「竢」下又云：「䇃，或从巳。」簡本用竢之或體。

鄭注：「今文俟作立」。今本、簡本俱用古文。下第46簡司射誘射節「以䇃于所埶（設）中（西）南」，今本䇃作立，今本用今文而簡本用古文；第87簡獻獲者節「服不復負侯而立」，今本立作俟，則又今本用古文而簡本用今文。此皆足證（以）

明以今讀古時滲入今文而致錯雜（並用），其為古文或本無疑也。

今本次比作次北。次為更衣之所，䇃于次之北。次比不詞，蓋涉上文比三耦而寫誤。

447. 詩射（第45簡）

今本詩作誘。下第61簡三耦拾取矢于楅節「後者遂取誂射之矢」，今本誂作誘。（合耦之）射前（之）司射先射，對挾矢、升階、履物、射四矢于三侯、降階等儀，俱屬示範，謂之「誘射」，故鄭注云「誘猶教也」。詩射、誂射均不詞■，■（俱）屬形譌。

448. 卒射，北面揖，降，如升之義（儀）（第45簡）

今本揖下有及階揖三字，升下有射字。此司射教射，其儀鄉射、大射因尊卑不同而互有詳略，簡本無鄉射（經比勘而後知之。），即據今本■。鄉射：「司射揖進，當階北面揖，及階揖，升堂揖，當左物北面揖，及物揖，南面揖，揖如升射，降，出于其位南，適堂西。」其儀如(壹)圖：×符表其揖處；▲符表文中所云「南面揖」，乃射畢揖退，揖後即折而西行；■符表文中所云「揖如升射」，即包括西行當階時折而南行揖，降階揖，

(壹)鄉射誘射圖

南行出于其堂下立位，復折而西行揖，皆如升射時。簡本泰射：「司射出于次，西面揖，當階北面揖，及階揖，升堂揖，當物北面揖，及物揖，卒射，北面揖，降如升(射)之儀，述(遂)適堂西。」其儀如(弍)圖：×符表其揖處；▲符表文中所云「（卒射）北面揖」，乃■射畢揖退，揖後即折而西行；■符表文中所云「降如升射之儀」，其中包括若干儀注，與鄉射不同。二禮之相異約有三端：甲、鄉射司射原

(弍)大射誘射圖

皆若干儀注，與鄉射不同。二禮之相異者有三端：甲，鄉射司射原
請進，揖後即折而西行，將表文中所云「降如升射之儀」，其中包
（七）圖：X將表其揖處，▲將表文中所云「北面揖」，乃■射畢
及將揖，卒射，北面揖，降如升射之儀，遂適堂西」。其儀如
升堂揖，當物北面揖，
階北面揖，及階揖，
出于次，西面揖，當
升射時。（泰射）「司射
復折而西行，揖，皆如
南行出于其堂下之位。
連漢簡異文釋
西南行揖，將階揖，
即包括西行，當階時揖，
中所云「揖，如升射」。
折而西行；■將表文
乃射畢「退，揖後即
中所云「南面揖」。
位南，適堂西。」其儀如（壹）圖：X將表其揖處，▲將表文
當交物北面揖，及物揖，南面揖，揖如升射，降，出于其
本■。鄉射言司射揖進，當階北面揖，及階揖，升堂揖，
儀（鄉射）大射因事序不同而互有詳略，（簡本無「鄉射」，據此補之。）即據今
今本僅下有及階揖三字，升揖射宮。此司射教射，其

（七）大射儀圖

（壹）鄉射儀圖

在西方立位，揖而由西東行；大射司射先入次中，次在東方，出次由東揖而西行，故一則曰『揖進』，一則曰『出于次，西面揖』。乙、卒射後，鄉射司射射時南面，即揖而南行數步，折而西行；大射則司射南面射訖，轉而北面揖，復轉而南行數步，折而西行，故一則曰『南面揖』，一則曰『卒射北面揖』，鄭注：『不南面者，為不背卿。』丙、鄉射『揖如升射』句，泰射『降如升射之儀』句，均包括若干儀注，司射西行至當階，折而南面揖，降階揖，南行，此其相同者也；其不同者，鄉射則降階南行後，因其立位在西方，須南行過其立位，折而西面揖，再折而北行至堂西，故曰

『出于其位南，適堂西。』大射則降階南行後，不返東方次中，復折而西行至堂西，故曰『遂適堂西。』二文對勘，宛然如在目前。升射時有及階揖，即行至階下而揖；降時由物至階，必先西行至當階之處折而南行揖，不應至西階上復揖，其文當是當階揖而非及階揖。當階揖已包括在『揖如升射』『降如升射之儀』中，則今本此三字為衍文無疑矣。千載未發之覆，得簡本而是正之，然則漢簡為善矣。至于『升射之儀』，包括若干儀注，不得但言升，簡本誤脱射字。

449. 送（遂）取荇譽（搢）之，以𢀖（立）于所埶（設）中之南東面

儀』。已皆各干儀，從，不得從告外，西本誤脫射字。
之贊，得間本亦是正之。故關誤滿篇等矣。至于『外射之
文儀』中，則今本此三字為衍文無疑矣。干數未讀
及當階非次階焉。當階揖『已拾』『揖』『拾升揖』『降
西行至當階之處，亦而南行揖，不應至西階上復揖，其又當
升與射者及階揖，升行至階下而揖。降揖由西序皆：而矣
至堂西。故曰『遂適堂西。』二文雖略，說（高明道。）
出于其位南，適堂西。『又射則不違東方次中，復亦而西行（降階南行矣。）

二百八十六

禮漢簡異文釋

須南行過其位，從。亦而西而揖，序亦而北行至堂西。故曰
進也。其不同者：『漢射則揖西南行後，因其位從西方，
階西行至當階，亦而西而揖，序階揖，南行，此其簡同
外揖』。亦『射』降，如升射之儀』。亦，亦已揖者干儀注，
面揖』、漢注：『不射而由者，然不前揖。』亦，漢射』揖如
而南行轉西，行，故一則曰『南面揖』，一則曰『（北辟）
也，亦而西行：『又謝則引揖南面揖北，揖北面揖，後轉
西面揖』。已，卒射後，漢射引射者南面，即揖而南行數
交，次由東揖而西行，故一則曰『揖遠』，一則曰『出于次，
是西方之位，揖而由西東行：『又謝引射者入次中，次右東

（第46簡）

今本苻作扑。簡本作苻凡十七見，無所扑者。又附亦有作苻，凡三見，釋在440條。陳校云：「扑，熹平石經作朴。」鄉射記云：「楚扑長如笴，刊本尺。」以三尺之木削其手執之處，用以為「撻犯教者」，與符節之義不相涉。錢大昕謂「古無輕唇音」，凡輕唇音古皆讀為重唇。符聲轉而同于扑，作符蓋聲之譌也。

今本南上有西字。中盛筭器，此時猶未設而云「所設中」者，用以明司射之位在中器之西南。大射于釋獲時設中，但未言設于何所。鄉射司射作射請釋獲節云：「釋獲者坐設中，南當楅，西當西序。」大射當與之同。鄉射取矢委楅節云：「設楅于中庭，南當洗。」而洗器之設，均為「南北以堂深」，然則設中、楅、洗三器之南北之度，均在三分庭一在北之處而東西並列。射後，釋獲者坐于中器之西，取中器之筭，委于中器之南或北，以記雙方射中之次數。如司射立於中器之南，則將礙于委筭，故決知司射之位不在其南而在其西南也。簡本誤脫西字。

450、執（埶）菁以旌侯（第46簡）

今本菁作旌。簡本旌皆作菁。孟郁修堯廟碑：「師工今本書作旌。段本作旌。……』

450. 射(躬) [illegible]（段注）

在其南西在其西南也。[illegible] 段本無說西字。

故曰射亦於中器之南。[illegible]……

取中器之筭，委于中器之西……

……設中，南當福，西當西序。』……

[illegible]

今本……

（[illegible]）

旌密』，洪适云：『此碑段借字如旌為菁』。今本用本字，簡本用段借字。

451. 南陽弓（第48簡）

今本陽作揚。下第63簡三耦再射釋獲節『陽觸』，第70簡君與賓射節『上曰陽』，今本俱作揚。揚陽通，春秋經並左傳昭公二十五年『次于陽州』，公羊傳今本作揚而唐石經作揚。左傳文公八年『晉侯使解揚歸匡戚之田于衛』，漢書古今人表作解陽。簡本段陽為揚。

452. 適之，聲止（第49簡）

今本適作至。上二人媵觶節『降適阼階下』，鄉射同節作『以至于之』，今本二射禮惟此文作至。鄭注：『古文日降造阼階下』。簡本用今文，而今本作至不知用今抑用古？鄭注：『古文聲為磬。』簡本、今本俱用今文。

453. 司馬出于下射之南（第49簡）

今本馬下有正字。同簡『司射進，與司馬交于階前』，今本馬下亦有正字。正為司馬職之長，師為正之副。大射司馬有正又有師，與僕人正、僕人師同。本篇司馬正凡二十二見。簡本、今本同作司馬正者凡十見（第48、52、55、99簡各一見，

見。簡本：今本同作回通正普凡十見（第45、52、55、59簡各一見），

育正又有師，與樸入王，僕入師回。[illegible]本簡回通正凡二十二

今本亦作有正字。正為回通職之長，師為正之副。大射回通

今本通下有正字。回路回回射進。與回通交于階前』。

453 回通出于下射之南（第45簡）

｜鄭注：『古文豐為鬱。』簡本、今本俱用今文。

今本亦作豐不如用『今字用古』。

日降造作階下。[illegible]簡本同今[illegible]文，而

｜鄭注：『古文

今本適作主。［旦二人勝觶［illegible］，今本適作階下』鄭注：『古文［illegible］以至十二』。今本二射通［illegible］此文作主。］

452 適之、降止（第49簡）

禮漢簡異文釋

二百八十八

｜晉侯使［illegible］［illegible］田之田于［illegible］』。

［illegible］傳文公八年［illegible］漢書古今人表作［illegible］。簡本亦有

公二十五年』，晉于［illegible］』。今本［illegible］今本作［illegible］［illegible］［illegible］［illegible］作［illegible］。

』簡見與賓［illegible］』上曰［illegible］』。今本俱作［illegible］。［illegible］通。［illegible］

今本［illegible］作［illegible］。下第63簡［illegible］［illegible］［illegible］［illegible］』［illegible］』。［illegible］

451 南面（第48簡）

本用［illegible］字。

［illegible］。』［illegible］：』此［illegible］字古［illegible］為［illegible］。』今本用本字。簡

第53、54、85簡各二見），同省作司馬者十見（第62、67、73、74、93、94、96、97簡各一見，第61簡二見），惟此簡二『司馬』句今本有正字為不同。又第1簡戒宰視滌量道張侯節『宰夫戒宰及司馬』『司馬命量人量侯道』，今本亦無正字。胡匡衷儀禮釋官云：『司馬亦司馬正，自後凡單言司馬皆是，與上「宰夫戒宰及司馬」「司馬命量人量侯道」者別。據經文則射時命去侯，命負侯，命取矢，命設楅、撫矢，獻服不，命退楅、解綱者，司馬正也。命負侯、乘矢，獻隸僕人、巾車、參侯干侯之獲者，命獲以旌與薦俎者，司馬師也。司馬正經亦稱司馬，亦稱正。』胡氏分別雖善，其實諸事皆司馬之職，職有多人，事多則以正、師分任，或稱司馬正或單稱司馬，與司馬師相對而言，並無不同。簡本較今本作省者多兩處。今文每多省文，此亦或然。

454. 揖如升（第51簡）

今本升下有射字。此三耦射節，與司射誘射之儀同，當有射字，簡本誤脫。說詳448.條。

455. 復位（第52簡）

今本復作反。下第66簡君射節『司馬〔師〕復位』，今本亦作反。大射反于立位或坐位，或稱復或稱反。特牲第9簡視滌視牲節『賓出，主人出，皆復外位。』簡本與今本

同。鄭注：「今文復為反。」作復用古文也。胡承珙疏義云：「案下文「卒載，加匕于鼎，主人升，入復位。」又「主人左執角，再拜稽首受，復位。」又「主人荅拜受角，降反于篚，升入復位。」又「主人受爵酌醋，卒爵降，實爵于篚，入復位。」惟記云「賓從尸俎出廟門，乃反位。」其餘通篇皆言復位不言反位，故鄭從古文。」今檢簡本與今本無異，其于特牲篇亦經用古而記用今也。然大射篇用今文作反位者四十六（尚有「反就席」句二），用古文作復位者十三（尚有「復筵」句二），簡本各爛缺一句不知所作外，悉同于今本，所異者惟此簡與第66簡二文耳。胡氏持通篇今「反」古「復」之說甚堅，予甚韙之。然鄭從古文之說則不能通于大射，况它篇猶未遑計之也。

456. 立于物閒西面南揖弓，命取矢（第53簡）

今本面南作南面。上三耦射時司馬正命去侯，「適下物，立于物閒。」堂上正中畫二物（「十」）以為徽幟，射者皆践物以射。上射左，下射右，下物即右物。司馬正先至下物，然後立于兩物之間，正對庭中三侯，「南揚弓，命去侯。」此節為司馬正升堂命取三耦所射之矢，取矢由負侯、小臣師、司馬師等為之，彼等位在堂下西方，故必西面南向命之。如依簡本作西南面，則南字當屬下讀作「南揖弓」。揖弓為執弓略向前推動，西面立而南揖弓必用左手，如此則既與方位乖謬，又與上「右挾之」之文相違忤矣。足証簡本西面南二字為誤倒。

簡本面南二字為倒。

則既與古文作辟，又與上「方辟」、「又辟」相連而辭矣。注

謂此當作「南面」，兩「南面」皆通。而此作「面南」者，正由上言南面而誤。比

命。又：如依簡本作「面南」，則南字當屬下讀，作「南鄉」。

小臣師一人，亦執玉等為之，故亦西面。

侯。」此曾為白虎通之外傳命，東三階者之東西，東未由貳，

物，既後來于南之面，以歡廣中三席。」東西階北，命東

謂以鼓。上鼓在，下鼓右，下鼓有北。下北，則白鼓西面北上，則

北。正于北。「上堂中五上東中堂二席（十三）以為鼓，故北有

命本西南作南面。上三階射時則南為西面布席，適下

北正于西面南面東射者命東文（卷第五百五）

鄭從古文之說，則不能通于大射，況文始猶未達許之也。

以簡三文本。鄭氏持通今反古復文說甚堅，乎簡本證之。

今簡有一字不知所作外，盡同于今本。所異者唯此簡與

有「反」「就席」「反位」（二）。用古文作「復位」者十三（尚有「復位」「反位」（二））。簡本

亦從用古而兼用今也。故《大射》篇用今文作「反位」者四十六（尚

反位，故鄭從古文。」今簡本與今本無異，其于《大射》篇

推記之《鄉飲酒》從古文出入門，乃反位「其餘通篇皆言復位不言

復位「又」主人受爵酬，卒爵拜，會揖。入復位。」

角，再拜稽首受，復位「又」主人答拜受角，降反于篚，入升

「案下文卒觶，加之于篚，主人升，入復位「又」主人左執

同。鄭注：「今文復為反。」作復用古文也。簡本與鄭義合。

457. 負侯許若（諾），如去侯（第53簡）

今本如下有初字。本師曹元弼先生禮經校釋云：「初去侯三字連讀。」如者，如三耦射節司馬正命去侯之「負侯皆許諾，以宮趨，直西，及乏南，又諾以商，至乏，聲止。」無初字義不可通，且不蒙三耦射節命去侯之事，則此儀亦不能明也。簡本誤脫。

458. 皆執其菁（旌）以負其侯而𨑓（俟）（第53簡）

今本執下無其字。三侯各有一旌，每旌皆有一人執之。旌倚于侯上，謂之負侯，即以負侯名此執旌之■人。下第65—66簡君與賓耦射節「皆執其旌以負其侯而俟」，今本亦有其字■與簡本同。三侯各有負侯者一人執旌，則當有其字，今本■誤脫。

459. 北栝（第54簡）

今本栝作括。括當作栝。說文木部：「栝，一曰矢栝，築（段注作檃，以為作築不可通）弦處。」釋名釋兵云：「矢，經(段注作議，以為作議未可通)。按：《廣雅·釋言》：「……」今本格作格。格當作格。《說文·木部》：「格，……一曰木格。」

457. 北 楷(第14簡)

說。

譯簡本同。三家今有負侯者一人執旌，則當有其字。今本

《鄉射禮》：「釋獲者執其旌以負其侯而俟。」今本亦有其字[illegible]

于侯上，謂之負侯，即以負侯者比執旌之[illegible]人。下第58簡

今本無下無其字。三家各有一旌，卑者皆有一人執之旌情

458. 若執其旌(旌)以負其侯而俟(俟)(第55簡)

不能明也。簡本誤脫。

無知字義不可通，且不符三耦射節命去侯之事，則此儀亦

許諾，以宮趨，直西，及乏南，又諾以商，至乏，聲止。」

三字連讀。下句者，如三耦射節司馬正命去侯之「負侯皆

今本如下有知字。書(本簡)已見先生禮校釋云：「如本侯

459. 負侯許者(諾)，如去侯(第57簡)

其末曰栝，栝會也，與弦會也。』考工記矢人為矢云：「夾其比，以設其羽。」鄭司農云：「比謂栝也。」栝謂矢末受弦處，簡作梧，義不可通，當是栝之形譌。

460. 大夫則降復位而後告（第55簡）

今本復作即。下文大夫降立于次南位，司射比耦，告以上或下耦。此位初設，不應稱復，簡本誤。

461. 司射東面于大夫之西比偶(耦)大夫與大夫（第56簡）

今本同。阮元校勘記云：「釋文、唐石經、徐氏同，通解、楊、敖比俱作北。」今案：作北則北字斷句，耦屬下讀；作比則比耦為句。許宗彥云：「比誤也，下云『耦大夫與大夫』有『與大夫』二字則句首不必有比字可知。又司射在大夫之西北，不正向大夫者，大夫尊也。」臧世佐、張惠言說略同。大夫在衆耦之北，司射合比自應在大夫西北；耦字下讀，「耦大夫與大夫」，不必上有比字。自以作北為長。簡本亦作比，其誤蓋在漢初也。

462. 各與其偶(耦)袷取矢（第58簡）

今本袷作拾。下第59、60簡俱作袷，第70、90、93、98

簡又作柙，惟第51簡作拾，與今本同。鄭注：「拾，更也。」拾取矢者，更迭而取矢也。字當作迨，說文辵部：「迨，遝也。」而手部：「拾，掇也。」又木部：「拾，劍柙也。」俱非其義。拾與柙通，莊子刻意「柙而藏之」，玉篇木部「拾」下引「莊子云拾而藏之。」廣雅釋器：「拾，室，郭，劍削也。」王念孫云：「說文拾劍柙也，柙亦拾也。」是知拾、拾、柙、迨聲同通段，而此文應以迨為正字，拾、拾、柙俱屬段借。

463 且左還（還），每周（第59簡）

今本每作毋。同簡又「每周」句，今本亦作毋。說文土部「坶」字下引書序「武王與紂戰于坶野」，詩大明孔疏引鄭玄書序注云：「禮記及詩作梅野，古字耳。」彼坶有作梅者，猶此簡之毋作每也。

鄭注：「古文且為阻。」簡本、今本俱用今文。胡承珙疏義云：「案且本古文祖字。惠氏棟曰：『古鐘鼎文祖皆作且。』尚書『黎民阻飢』，今文作祖飢。孟康曰：『古文言阻。』蓋尚書本作且，故今文家作祖，古文家作阻。此儀禮古文與尚書古文同。」

464. 宭之（第60簡）

今本宭作梱。阮元校勘記云：「唐石經、徐、陳同，今本蕃作藩，阮元校勘記云：「唐石經、[illegible]、[illegible]同。」

生。[illegible]（第58個）

與尚書古文同。』

蓋尚書本作且，故今文家作祖，古文家作阻。此儀禮古文

且。「尚書」黎民阻飢，「今文作祖飢。」盧文弨曰：「古文言阻。」

鄭義云：「案且本古文祖字。」陳氏謙曰：「古鐘鼎文祖皆作

鄭注：『古文且為阻。』而本，今本俱用今文。胡承珙

昔，疏此通之毋作且也。

引鄭玄書序注云：「禮記表記作『蕃衍』，古字耳。」[illegible]有作藩

土部『埔』下引『書序』『王與蒲姑作歷』『埔大明』，引[illegible]

今本蕃作番。同時文已無同句。今本亦作番。說文

證漢隸異文釋 [illegible]

463 [illegible]（第59個）

禮■。

[illegible]

故曰『後者遂取』。簡本無遂字，義不連貫，必係誤脫。

467. 小臣師（師）埶（執）中先坐埶（設）之（第62■簡）

今本先下有首字。三耦第一番射為獲而未釋獲，即射中侯鵠，獲者祇唱獲而不以筭籌計數。此三耦再射則須釋獲■而筭盛于中，故司射命釋獲者設中器。鄉射記云：■『鹿中，髹，前足跪，鑿背容八筭，釋獲者奉之，先首。』中器刻木為獸形，故有首尾。鄭注：『先猶前也。』先首為執中器之法，無首字則先字屬上屬下均不可通。以鄉射記決之，簡本■脫（誤）首字無疑。

468. 中離維剛（第63簡）

今本剛作綱。下第100簡三番射竟退諸射器節『巾車量人解左下剛』，今本亦作綱。鄭注：『侯有上下綱。』今本用正字。臨沂銀雀山漢墓出土孫臏兵法地葆篇『直者為剛，紀剛則得』，與此簡作剛同，皆段剛為綱。

「毛本䌷作捆」下第63簡三耦再射釋獲節「淳復」，今本淳作䌷。簡本二字不同。䌷、宭、淳古音同部通段。鄭(二)注並■(云：)「古文䌷作魁」。簡本殆用今文。(古文作魁者，)胡承珙疏義所謂「魁與䌷一聲之轉■」也。

465. 兼挾乘矢，皆內還(還)南面揖，適楅南，皆左還(還)北面（第60簡）

今本北面下有揖字。第二番射，三耦將■(復)射，在楅上拾取矢。楅為矢架，設于中庭，上射下射相對于楅之兩側，從楅上更迭各取四矢，于楅北南面揖；繼則互易其位，至楅南北面揖。北面揖對南面揖而言，南面下有揖字，簡本與今本同，以此相決，北面下簡本誤脫揖字。

466. 後者取誌(誘)射之矢，兼乘矢而取之（第61簡）

今本者下有遂字。此時楅上有二十八矢，即(司)射誘射之四矢，又三耦六人各四矢，均為司馬正命小臣取矢而委■于楅上者。三耦將■(復)射，就楅上各取四矢，而司射不■(復)射，亦不■(復)取矢，則楅上尚■(餘)四矢。敖繼公云：「下耦之下射於既拾取矢之後，又兼取誘射之四矢，皆兼■諸柎，至楅南，乃北面搢三挾五个。」下耦兼取司射四矢，

469. 唯公所■中，三侯皆護（獲）（第63簡）

今本重中字。《大射》張三侯，上司射誓射云■：「射者非其侯，中之不獲」者，為眾射者所立規約也。此時公將射，■（復誓）射中任何一侯均得唱獲，優公也。「中三■（侯）皆獲」，有中字義較顯豁，今本為長。

470. 司射述（遂）退由堂下北面視上射，命曰不闌不舍（釋）（第63—64簡）

今本■退■作進。司射位在西方，至堂下北面命堂上之上射，是進而非退；下云「退反位」，事畢言退。文情脈絡極為分明。此當作進，且在進字逗。簡本係涉及下文而誤。

今本闌作貫。《鄉射》、《大射》鄭注並云：「古文貫作關。」簡本用古文。鄭注：「貫猶中也。」即《詩·猗嗟》「射則貫兮」之貫，謂不中（正）侯中之鵠則不釋筭也。古文作關，即《呂覽·壅塞》「中關而止」之關，高注：「關（謂關）弓弦正半■而止也。」謂弓未張滿而射中亦不釋筭。今古文義有微異，諸家有引《孟子》、■《史記》以證關為彎弓者，言雖辯，不足以釋禮也。

471. **若中則澤(釋)獲敏一个澤(釋)一筭**(第64簡)

今本獲下有者字。以筭計中數曰釋獲，任此職者曰釋獲者。上文『遂命釋獲者設中』『釋獲者命小史』『釋獲者坐取中之八筭』，簡本俱有者字。此■與徵文相同，簡本■誤脫。

今本敏作每。下第75簡數左右獲筭多少節『敏委異之』，今本亦作每。每、敏一聲之轉。窓齋集古錄拾肆冊拾弍葉下杞伯敏父壺『杞伯敏亡作鼄嫀盘』，吳大澂云：『敏字當作每。』

472. **改實入(八)筭**(第65簡)

今本筭下有于中二字。此三耦再射釋獲節，初言『太史實八筭于中』，簡本與今本同。後又二言『改實八筭』，省于中二字，義並無異。今本則前句亦省于中二字，此句則不省。此又簡本多省字之一■證。

473. **公將射則司馬命負侯，皆埶(執)其菁(旌)以負其侯而訑(俟)，司馬復(反)位**(第65—66簡)

今本二司馬下俱有師字。下第97簡樂射後取矢數獲節

今本二句無于樛有邪字。下第37簡[illegible]

[illegible]（第8—9簡）

47. [illegible]

不書。此又簡本多出字之一證。

于中二字。義並無異。今本則兩句亦省于中二字。此句則

又「費(?)人于中」。簡本與今本同。後又二言曰：「毀費人」書。首

今本費于中三字。此三語[illegible]部。曰言曰：夫

57. [illegible]人（人）書（第5簡）

[illegible]。」

[illegible]故又曰：「[illegible]」云：「[illegible]」

今本亦作[illegible]。[illegible]一章之[illegible]。[illegible]

今本[illegible]作[illegible]。下第[illegible]簡[illegible]曰：「[illegible]又[illegible]。」

[illegible]。

[illegible]中[illegible]八章。」簡本[illegible]。此[illegible]又[illegible]。簡本[illegible]

[illegible]。上文曰「[illegible]」[illegible]。」[illegible]

今本[illegible]。以[illegible]中[illegible]曰[illegible]

47. [illegible]一[illegible]一章（第[illegible]簡）

「司馬乘之，皆如初」，今本亦有師字。下第100簡退射器節「帀(師)命護(獲)者以菁(旌)與薦祖(俎)退」，今本師上有司馬二字。本篇司馬正有省作司馬者，說見453條。司馬師為正之副職，省師則與司馬省正字者無別矣。簡本又有省司馬而單稱師者，顯欲示別于省正之司馬，而命負侯、乘矢俱為師之職務，然則此三處稱司馬簡本皆誤脫師字無疑也。參見498條。

474. 祿僕人騷(埽)侯道(第66簡)

今本祿作肆。下第85簡獻獲者節「東祿」，今本作肆而簡作隸；第86簡「獻隸僕人」，今本作隸而簡作肆。陳校云：

禮漢簡異文釋

「祿簡文之隸(筆畫有譌變)，實與簡文肆字同從，與漢碑司隸之隸同。古文字肆、隸通用，下簡隸從肆，尤為確證。」

今案：漢碑司隸校尉魯峻碑隸作隸，而邵鐘「大鐘八隶」，洹子孟姜壺「鼓鐘一銉」，隶、銉俱為肆字。然則簡之隸、祿字俱應作隸，而隸實與肆同，故有段隸為肆，亦有段肆為隸。

475. 小射正一人取公之決拾于東坫上，一小射正受弓〔拂弓〕(第66簡)

今本受作授。敖繼公云：「授當為受，受弓者受于有

司也。』盛世佐云：「初納射器，君之弓矢適東堂，至是小射正受而拂之，與奉決拾者同俟於此。授當從敖氏作受，蓋受之於弓人也。」今得簡本作受，似敖、盛之說為有據，而其實非也。二小射正皆有事俟于東堂，一取決拾，一取弓可知，未必受于有司或弓人。此言授弓，謂授大射正以弓，下云「大射正執弓」，言授則受弓可知，故鄭注云「授弓，當授大射正」。如作小射正受弓，則不僅省有司授之之文，並省小射正授、大射正受之文，全書無此文例也。胡肇昕駁之是也，恨說猶未允耳。簡本授、受多互譌，此當作授。

476. 公朱襦（第68簡）

今本公下有袒字。襦為褻衣。袒去冠弁之服，上衣左袖，襦始得外露，故曰「袒朱襦」或「袒纁襦」。此禮經恒語，簡本誤脫。

今本繻作襦。周禮羅氏職「蜡則作羅襦」，鄭司農云：「襦讀作繻有衣袽之繻」。易既濟「繻有衣袽」，釋文：「子夏作襦，王廙同」（薛云古文作繻。）襦即襦字。簡本叚繻為襦，蓋用古文。

477. 以袂揗左右畏（第69簡）

今本揗作順。鄭注：「今文順為循」。胡承珙疏義云：「揗順循聲義並同，莊子天下篇『已之大順』，釋文：『順本

作循」。徐養原疏證云：「漢書賈誼傳『而後有所持循矣』，師古曰：『執持而順行之。』釋名釋言語：『順，循也，循其理也。』淮南子時則訓下『順彼四方』，高誘注：『順，循也。』二字義同音近，古蓋通用。今古文聲義並通。說文手部：「揗，摩也。」廣雅釋詁：「揗，摩，順也。」字當作揗，群書多段循為之，如漢書李陵傳『數數自循其刀環』，顏注：『循謂循摩也。』簡本用今文。

今本畏作隈。考工記弓人為弓云：「夫角之中恒當弓之畏，畏也者必橈。」鄭注：「畏讀如秦師入隈之隈。」孫詒讓正義云：「說文自部云：『隈，水曲隩也。』引申之弓曲亦曰隈。」說文角部：「觼，角曲中也。」鄭訓隈為『弓淵』，正指弓角之中。據此，知觼為後製正字；隈今文，畏古文，俱為段借字。簡本用古文。

478. 公親柔之（第69简）

今本柔作揉。說文手部無揉字，木部：「柔，木曲直也。从木矛聲。」火部：「煣，屈申木也。从火柔，柔亦聲。」煣即揉字，故易繫辭下「揉木為耒」，漢書食貨志上引作煣。揉通作柔，詩民勞「柔遠能邇」，崧高「揉此萬邦」，釋文並云：「本亦作柔。」鄭注：「古文揉為紐。」徐養原疏義云：

云：『本亦作朱。』鄭注：『古文朱為銖。』[illegible]

[illegible]

本用古文。

[illegible]

儀禮漢讀考文釋

三四

云：『說文[illegible]

[illegible]

『按揉、紐同聲相借，左傳定公五年公山不狃，史記孔子世家索隐作公山不蹂。紐、狃皆以丑為聲，揉、蹂皆以柔為聲。』今古文以聲同通叚。今本作揉，簡本作柔，均用今文。

479. 澤（釋）獲者述（遂）以所執餘獲（第72—73簡）

今本同。鄭注：『餘獲，餘算也。無餘算則無所執。古文曰餘算。』簡本、今本俱用今文。鄉射同節亦作餘獲，鄭氏無注，蓋二射禮所據本皆用今文，故于此注疊古文所作並以古文釋今文也。胡承珙疏義以為鄭氏以鄉射決大射故■從今文。苟以古文為善，可盡改餘獲字，何待于決！鄭氏本無易經改字之事，■ 此亦未必欲從今文，胡■說非也。

480. 東面坐，兼斂算（第76簡）

今本重坐字。敖繼公云：『此坐字衍文，鄉射無之。』此釋獲者數獲，上『釋獲者東面于中西坐，先數右獲』，數右獲已，與而自中器前適左，亦東面坐于中西，即鄭注所云『少北于故』，兼斂算而數左獲。重坐字義不能明，敖氏今本誤衍之說，得簡本證實。

一　義氏今本誤衍之說，得段本證實。

所言「ㄇ字北于政」，兼敘衆家數者之績。惠定宇以為不能明，

480. 東面坐，東數算（第76頁）

說非也。

豐漢晉間異文舉　　三百一

今文。

通：家語作公山不擾。姓，從字以且為聲，綠，縣皆以彔為

481. 澤(釋)獲者述(遂)盡(第76簡)

今本盡作進。簡本進退字惟此作盡。劉向列子書錄云：「或字誤以盡為進。」此■亦進字■誤作盡也。漢書高帝紀「主進」，顏注：「字本作賮，又■作贐，音皆同耳。古字段借，故轉而為進。」二字亦以聲同通段。

482. 偶(耦)出，揖如升射，及階揖，勝者先升堂 少右(第80簡)

今本及階下無揖字。此飲不勝者酒，勝者與不勝者升堂，及階時應有一揖。然上既云「揖如升射」，則一耦出于次揖，西行至當階折而北面揖，北行及階■揖，升堂揖，均已包括在內，不應獨更言及階揖。而此「及階，勝者先升堂，少右」三句，乃補述異于升射時：升射時上射先升，此則勝者先升；升射時上射上堂少左，此則勝者上堂少右，鄭注云：「先升者，尊賢也。少右，辟飲者」■是也。簡本■揖字為衍文。

今本先下重升字。阮元校勘記云：「升，通解不重」。鄉射同節今本亦不重升字。鄭氏二篇注並云：「先升，尊

賢也。」不過明先升之意，非謂當于升字斷句，後人不明注意，誤于升字逗，而堂少右不詞，遂臆增升字。得簡本而知今本誤衍。

483. 僕人師（師）降洗升賓觶（觶）以授（第82簡）

今本無降字。上文「僕人師退，俟于序端」，此時降堂洗觶，升堂實觶，以授賓諸公卿大夫之不勝者。降堂洗觶，本可省降字，但此降洗與升實對文，有降字較為明暢；又鄉射同節「執爵者取觶降洗，升實之，以授于席前。」文句雖有不同，而降洗與升實相對為文則相同。據以相決，今本誤脫。

484. 若飲公則侍射者降洗角觶（觶），升酌散，降一等，小臣正辭，賓升再拜稽首，公合（荅）再拜（第83簡）

今本散下有降拜公三字。此飲公，公為不勝者，賓侍飲者為勝者。飲公仍用拜下之禮，鄭注：「飲君，則不敢以為罰，從致爵之禮也。」勝者酌散後即降至阼階下拜，公亦降階一等，由小臣正致辭詞，勝者乃升成拜。如依簡本無此三字，則侍射者（即勝者）祇降一等，而公未降，與下句小臣正辭相矛盾矣。簡本誤脫。

485. 賓坐祭卒爵再拜稽首，公合(荅)拜

(第83簡)

■今本荅下有再字。臣必再拜稽首，見君之尊；君荅臣一拜或再拜，各隨其事之宜，今古文遂多淆亂。此節公拜，簡本除爛缺外再拜二、一拜一；今本則凡四再拜。下105、106簡為士旅酬節公拜，簡本一拜四；今本再拜二、一拜二。下110、111簡燕末盡歡節公拜，簡本一拜二；今本再拜一、一拜一。為士旅酬節鄭注：「今文公荅拜無再拜」。簡本用今文者七，用古文者二；今本用今文者三，用古文者七。■

■燕禮第38簡為士旅酬節公拜，簡本除爛缺外再拜三；今本再拜三、一拜一。又第42、44簡無算爵節公拜，簡本再拜一、一拜一；今本同。鄭注：「古文曰公荅再拜」。簡本用今文者一，用古文者四；今本用今文者二，用古文者四。二本于今古文俱錯雜並用。上二人舉觶、為賓旅酬節，公荅拜、荅再拜錯見，殆亦今古文之異也。參見428條。

胡承珙疏義云：「案此經注疑有脫誤，經文當是公荅再拜，注云古文曰公荅拜。若古文明云公荅再拜，鄭不應反從今文去再字。彼蓋深中夫鄭氏或從今或從古改易經字之說，遂致無証改字而自陷于今古文俱無再字之謬妄矣。經文有■荅拜，有荅再拜，而鄭注一■云今文無再，一云古文再

拜，可證經文本有不同而鄭氏實無改易經字之事，此例最為明確。說見150.條

486. 賓降洗瑑（象）柧（第83簡）

今本柧作觶。簡文柧今本作觚，燕禮、大射獻公用象觚，說見202.條。簡本二篇主人獻公節俱爛鈌，不知所作。上第25簡二人媵觶節「媵（媵）爵者洗瑑（象）觴（觶）」，與今本同。下第106簡為士旅酬節「賓降洗瑑（象）柧（觚）」，與今本同。鄭注：「此觚當作觶。」蓋以此等均為媵爵，媵爵用觶，故鄭氏斷為觶。簡本有作觴（觶），有作柧（觚），作柧用今文。參見503.條。

487. 賓進受（觶），降洗散觴（觶），升實散，下拜，小臣正辭，升辯（辯）乃徹豐（豐）與觴（觶）（第84簡）

今本升下辯上有六十二字。陳校云：「案『升』下『辯』上之間，今本有『再拜』至『射爵』六十二字，恰在簡中，此實為脫簡。此簡所據之原本，其行款應亦如此簡本，該本脫去一簡，故此亦脫去六十餘字，且接鈔在簡文中間。」陳校是也。簡本有削改痕多處，似為官學師弟傳習之本；然抄脫抄誤甚多，甚至有不可卒讀者，此復有脫簡，而傳習■者均無所改正，可見此學師對禮經未具應有之理解，而此本之非出禮家所傳，亦可以推而見之也。

488. 司宮尊侯于服不之乏東北兩獻酒（第84簡）

今本無乏字。上第5簡射日陳燕具席位節「有（又）尊于泰（大）侯之乏東北兩（壺）獻酒」，鄭注：「服不之尊，俟時而陳于南，統于侯，皆東面。」彼時服不之尊尚未設，因陳燕具，設堂上之尊、堂下士旅食之尊，連類而語及之，二文實即一事。三侯各有一乏及負侯者一人，大侯之負侯又名服不，服不之乏即大侯之乏，以前證後，必有乏字。據簡本而證今本誤脫。

489. 服不侯西北一步北面拜受爵（第85簡）

今本一作三。此明服不之拜位。下文「卒祭，左个之西北三步，東面。」鄭注：「此鄉受獻之位也。」侯之兩側曰个，鄉射記「東方謂之右个」，則西方謂之左个。侯之左側在西，故左个之西北即侯之西北。「左个之西北三步」句簡本與今本同，西北三步之處即受獻之拜位，以彼決此，簡本此文一為三字之誤無疑也。

490. 司射適西堂但（袒）決述（遂）述（遂）取弓挾一个，適西

483. 司宮尊侯于服不之東北兩獻酒（第卅簡）

今本無之字。上「尊」句鄭曰象無異解，字□簡(文)尊于

蓋(文)從之文東北□(壺)獻酒。「獻」注：「服不之尊，洗，酬南東

于南。僕于侯，皆東面。」僕(?)□□，□□與□，□

設堂上之尊，堂下之設寡之尊。二文實即

一事。以上諸條各有一文，皆負侯者一人。大侯之負侯，又名服不。

服不之與即負侯之人，以前□侯。簡文有之字。今本西證

今本誤脫。

489. 服不侯西北一步北面拜受爵（第85簡）

今本一作三。此明服不之拜位。下文曰卒祭，左个之

西北三步，東面。」下「獲」注：「此鄉受獻之位也。」下「獲」之西

個曰个。鄉射記曰：東方謂之右个，則西方謂之左个。侯

之左個在西。故左个之西北，即侯之西北。西北三

步，曰簡本與今本同，西北三步，大侯服受獻之位，以次

決此，簡本此文一為三字之誤無疑也。

490. 司射適西堂□袒決(決)遂(遂)取弓挾一个。適西　但(袒)

階笹(揞)符(扑)（第89簡）

今本西堂作堂西，西階作階西。上第87簡同節「司射適階西去符(扑)，適堂西澤(釋)弓，挩(說)決拾襲。」簡本與今本同。

司射說決拾而襲上衣在西堂之西，袒決遂亦應在西堂之西。去扑在階西，搢扑亦應在階西。全篇敘述甚明，無一差忒。簡本此文，決為誤倒。

今本不重遂字。二射禮袒決遂必執弓挾矢，于文例，二事連屬不必有遂字。簡本誤衍。

491. 三偶(耦)桿(拾)取泰如初，小射正作取矢如初，三偶(耦)既取矢（第90簡）

今本泰作矢。「拾取矢」句篇中屢見，惟此句矢作泰，當是由矢誤大，遂誤作泰。

今本既下有拾字。射禮稱拾取矢者，謂上射與下射在福器上更迭取矢；稱取矢者，謂射後獲者從侯上取射中之矢，以及搜尋未中遺落之矢，二者有別。鄉射司射「遂命三耦拾取矢」，「司射作拾取矢」，大射司射「遂命三耦各

與其耦拾取矢」，俱有拾字。惟此節「命三耦皆袒决遂執弓序出取矢」，「小射正作取矢如初」，今本、简本俱無拾字；而简本此句更無既下拾字，在全篇為獨異。■以二禮全文例之，■皆屬誤脱也。

492. 大夫進坐，亦兼取乘矢如其偶(耦)，北面晉(搢)三挾一个，揖退(第92简)

今本退作進。鄉射三耦賓主人大夫衆賓皆拾取矢節■「大夫進坐，亦兼取乘矢如其耦，北面搢三挾一个，揖退」。敖繼公云(此文注)：「後揖進之進當作退」，鄉射云「揖退」是也。简本正作退，敖説是，今本誤。

493. 司馬與司射交于階前(第94简)

今本馬字與射字互易。此樂射經文，據今本：「司馬升，命去侯，負侯許諾，司馬降，釋弓反位。司射與司馬交于階前，倚扑于階西，適阼階下，北面請以樂■于公，公許。」射禮司射與司馬(即司馬正)執事升降往來，多次相遇于階前。此為司馬去侯畢反位，而司射適阼階下，二人于階前相遇。司射之事務為請樂射于公，如依简本，司馬為主詞，請以樂■于公、命去侯均為司馬事，請射亦司馬事，司

[illegible]

簡本正作「退」，徽說是，今本誤。

[illegible]漢簡異文釋

[illegible]

[illegible]

射因何事而往來，實不可通。簡本顯係誤易，而■今本是也。

494. 北面視上射（第94—95簡）

今本視作眡。阮元校勘記云：『眡，唐石經、徐本、通解、楊、敖俱作視。釋文於前視筭作眡，注云「本亦作視」；於此無釋，則亦作視也。』說文見部：『視，瞻也。■（从）見示聲。眎，古文視。眡，亦古文視。』據此知作眡乃古文，而簡本用今文，然亦唯此一見。

495. 司射澤（釋）弓視數如初（第97簡）

今本數作筭。鄉射同節鄭注：『今文曰視數也。』簡本用今文。徐養原疏■（證）云：『按說文竹部：「算，數也。」二字義同字異。』案：竹部云：『筭長六寸，計厤數者。■（从）竹■弄■，常（言）弄乃不誤也。』筭為筭籌，則八筭之筭簡本作筭是也。此視算非視筭籌而視■（筭）籌之數，字當作數。今本用古文，算數不別；而簡本（用）今文兩作，固甚善者也。

496. 司射命執（設）豊（豐），執（設）豊（豐）實觗（觶）如初（第97簡）

今本不重設豐二字。敖繼公云：『當更有設豐二字，如

鄉射之文。」朱大韶云：「教說是也。命設豐者，司射是也；設豐者，司宮士也；實觶則弟子也。司射但命設豐，實觶乃弟子為之，無待司射之命。若不重設豐二字，似以司射命設豐實觶作一句，讀之失矣。唐石經脫，各本因之，當據鄉射補。通解反於鄉射刪下設豐二字，則失之甚者也。」得簡本而教、朱之推比獲實證。今本誤脫無疑。

497. 不勝者埶（執）施弓（第98簡）

今本施作弛。馬王堆漢墓出土古佚書弛亦作施。周禮小宰職「六曰斂弛之聯事」鄭注：「杜子春弛讀為施。」釋文：「尸氏反；劉本作施，音弛；杜作施。」禮記孔子閒居「弛其文德」，釋文：「皇作施。」又曲禮上「弛弓尚角」，左傳襄公十八年「乃弛弓而自後縛之」，釋文並云：「本又作施。」周禮小司徒、遂人、遂師、土均等職鄭注：「施為讀弛。」弛、施古通用，今本用正字，簡本用叚字。

498. 陳（師）命護（獲）者以菁（進）與薦租（俎）退（第100簡）

今本師上有司馬二字。鄭注：「今文司馬師無司馬。」簡本用今文。說見453條。

499. **司政(正)升自西階**(第101簡)

今本正上有馬字。韋協夢云：「鄉射請徹俎，司正之職；則此請徹俎，亦當以司正。李寶之謂司馬正當作司正，今從之。」鄉射以司正為司馬，射畢，司馬復為司正。大射司正為大射正，射畢，大射正復為司正，與司馬正無涉。今本蓋涉鄉射之文而誤，得簡本而韋、李之推比獲實證，此亦見簡本所據本甚善。

500. **賓北面取俎(俎)以出，諸公卿皆取俎(俎)如賓，從出**(第101簡)

今本無皆字。燕禮同節「卿大夫皆降，東面北上」，此節下「賓諸公卿皆入門」，「諸公卿大夫皆說屨」，非一人則此亦當有皆字，簡本為長。

今本如賓下有禮字。燕禮卿無俎，大射大夫無俎，故燕禮惟賓出，大射賓與諸公卿出，賓取俎，諸公卿亦取俎，無其他儀式。此非謂如賓取俎之儀也，今本衍禮字。

今本從作遂。此賓出而諸公卿相隨而出，當作從，簡本為長。

501. **賓諸公卿皆入，東面北上**(第102簡)

今本入下有門字。今本曾以入門下無左右字而啟諸家

今本入下有門字。今本曾門下無右右字謂

501. 賓諸公聚會入，東面北上（第102頁）

本為衣。

今本徑作謁。此賓出而諸公等稱謂而出，賓作謁，適無其稱謂之。此非謂如實與證之儀也。今本作謁之。

謁謂謂賓出，次謂賓禮與諸公等出，賓東面，諸公東序西面。

今本為賓不有謁字。謁謂無謁，次謂夫東謁也，故此亦當有謁字，適本為衣。

升下『賓諸公卿聚入門』，『諸公卿大夫皆謁謙』，非一入門

今本謂謁字。謁謂門升『卿大夫升席，東面北上』是

卅（第101頁）

500. 賓北面東上（止）以出，諸公卿東面（面）云賓，疾

此亦見同本諸本謂字。

今本孟謂謂之又為謂。謂而本為衣，謂之事在謂賓。以正為大射正，射後，大射正席為已正，射以為正樂洗。

今作大。『謂謂以已正為已席，射後，已為席為已正。大射職』。已其謂謂者，亦為以已正，今本謂為已以已正在已正。

今本王上有為字。謂謂謂之』，已謂謂者，已正以

499. 已殺（刷）牛百面單（第101頁）

衆說。敖繼公云：「入门而不左不右，即東面而立，變於常位也。」盛世佐云：「東面北上，與燕禮卿大夫降位同，蓋近西階下也。敖說非。」吳廷華云：「東面北上，以將自西階升也。鄉射卿大夫皆降，東面北上，即此位耳。」本師曹元衡先生禮經校釋云：「諸公卿由闑右入，遂左至西階下，繼賓而南。不右者，以將燕升坐，宜近西階，亦因從賓，賓降位在西階下也。」繼公不左不右之說，杜撰無理。諸家之說，敖氏以外皆是也，亦皆未達一間。賓諸公卿徹俎出门為暫出即入，賓降位在西階下，復入即立于降位，以待司正之命升；諸公卿出门從賓，入门亦從賓，故相隨至西階下，東面而立，以北為上。入門由闑右入者必右曲而就西階，由闑左入者必左曲而就東階，故入门必有右或左字，今本有门字而無右或左字，遂啟諸家之訟。徹俎出门為暫出即入，故不必詳記。出不言门，入亦不必言门，得簡本而知本無门字，何來下有右或左字之足云。今本门字為衍文，此實簡所據本之尤善者。

502. 司政（正）升受命，皆命，公曰毋（無）不醉，賓及諸公卿大夫皆興，對曰若（諾），敢不醉，皆反坐（第103簡）

今本無上有衆字。燕禮同節今本亦無衆字，鄭注云：

「皆命者，命賓，命■諸公，命卿大夫，皆卿其位也。」是則司正一一向其位分命，非出總命，則述公命■詞不當有衆字。得簡本可定今本衍文，此亦簡所據本之善者。

今本反下有位字。燕禮同節今本亦無位字。鄭注■：「興對必降席」。賈疏云：「鄭如降席者，以為反坐也，故知降席也。」賈氏述■經亦無位字。降席雖離原坐之處，但未離其位，何來反位？得簡本可定今本衍文。

503. 士長升，拜受觚（第103簡）

今本觚作觶。簡文觚 今本作觚，說見202條。鄭注：「今文觶作觚」。下第105簡「賸（媵）觚于公」，今本亦作觶，鄭注：「今文觶作觚」。第106簡「取賓所賸（媵）觚」，今本作觚，與簡本同。簡本用今文。今本有作觶用古文，有作觚用今文，足■證鄭所據本如此，鄭無改易經字之事也。參見150條。

504. 襲獻士（第104簡）

今本襲作辯。襲獻不成文義。燕禮第36簡同節作辯，簡本與今本同，則此襲字爲書手寫誤者。

505. 乃薦士，史小臣師（師）亦就其位而薦之（第104簡）

503. □□士，夫小白□而不□其□者（第104簡）

簡本與今本同，則此□□□□□□。

今本「業」作「辨」。業、□□□□□□□□□□□。

504. 業焦士（第104簡）

三百三

今本史上有祝字。燕禮第37簡同節亦有祝字，簡本與今本同。燕禮君臣就位次節「祝史立于門東北面東上」，而大射命賓納賓節「太史在干侯之東北北面東上」，未及祝，然則獻士及旅食是否如燕禮之必有祝，未易斷言也。盛世佐云：「不言祝者，以其無事，略之也。」盛氏據今本有祝史受獻，故定納賓之無祝為略之耳。如簡本受獻時亦無祝，則祝直未與其事矣。今案：必有事始特著其官而受獻，否則執事自在士中，不必特為標明。射禮大史、小史均有執事，故必受獻。而祝之執事，實在祭侯，考工記梓人為侯云：「祭侯之禮，以酒脯■(醢)，其辭曰：惟若寧侯，毋或若女不

寧侯，不屬于王所，故抗而射女，强飲强食，詒女曾孫諸侯百福。」鄭注即引以為天子祭侯祝辭，而「諸侯以下祝辭未聞。」獲者祭侯而唱祝辭自屬祝之執事，經特未明言之耳。祝既有執事，自必受獻。又燕禮祝、史並得受獻，而經文則不僅祝無執事，史亦無執事，蓋燕禮有「若射」節，必待行射而祝、史始有事矣。以此例之，則大射必有祝，自無疑義。簡本誤脱。

506. 司政(正)命埶(執)爵者爵辯(徧)，卒受者興以州(酬)(第107簡)

今本酬下有士字。燕禮第40簡同節■亦有士字，簡本與

後記

先父沈文倬先生，字鳳笙，號蓟闇。一九一七年生于江蘇省吳江縣分湖之濱，二零零九年逝世。二十四歲起師從清末著名經學家叔彥公曹元弼先生受舂羣經鄭氏之學，深得其經學造就之精粹。一九六三年調至原杭州大學語言文學研究室，遂可能專職從事經學、禮學之研究、教學工作。「文革」後為浙江大學古籍研究所終身教授、中國古典文獻學博士生導師。主要著作有宗周禮樂文明考論、蓟闇文存等。

父親潛心治經、治禮，七十年艱苦奮鬥如一日，他博覽群籍，精研「三禮」，經史子集無不通曉，且致力于對古文化整體的融會貫通。尤其是，父親的禮學成就，為學界所推崇，認為他在諸多方面已超越了前賢；其精湛論著，也堪稱文壇獨步。父親以辯證的科學方法考覈儀禮，明確論述了禮經乃至宗周禮樂文明的真諦，解決了經學、禮學史上一些千百年來懸而未決的疑難課題，從而取得了許多被學界廣泛肯定的優異成績，為中國傳統文化的繼承和發展作出了卓越貢獻，以至于被專家譽作：「實為今世治禮經者之第一人」。父親並注重經學史以至歷史學、文獻學和考據學、考古學和古器物學、古文字學和訓詁

學等學科領域的知識積累和綜合研究，在取得其廣博、高水準成就的同時，促使十分艱難的經學、禮學研究得以遊刃有餘，富有成效。

父親自弱冠以至年逾七十，始終潛心于以儀禮一書為中心的研究，以闡解周族統治者之禮樂活動所呈現的兩周文明。一九五零年代以後的十多年裡，以業餘時間從事經書三史、出土器物、鼎彝銘文的深入研究，成果是顯著而多方面的。例如，發現周族統治者的禮樂活動重在實行，從而提出「禮典的實踐先于文字記錄而存在」的觀點，並確定儀禮一書本為孔子後學撰

作，具體論證成書年代。而在「文革」期間，父親依然用業餘時間，在非常艱苦的環境下，撰作了菿闇述禮和禮漢簡異文釋等精彩論著。實際上，父親的經學、禮學專職研究工作，直至「文革」之後的一九七九年才開始受到支持而展開，越六、七年，被審定以「先秦禮制與儀禮」為研究方向，並擬此方向招收博士研究生。他的大部分重要著作都是在「文革」之後陸續面世的。父親把對「三禮」中的周禮的系統著述放在最後，這就成為他七十五歲以後的工作重點，主要是致力于周公與宗周禮樂文明一書的撰著。然而，這項著述工作耗盡了他耄耋

之年的全部衰微精力。我可謂之：父親為經學、禮學事業，孜孜矻矻，鞠躬盡瘁，死而後已，真乃難能可貴，令人肅然起敬，亦不免喟歎一二。

父親對儀禮本文的探討，結合以對考古發現的出土器物、鼎彝銘文的研究。一九五八年，甘肅武威出土漢簡本儀禮九篇，一九六五年出版武威漢簡（由陳夢家先生整理）；父親視此書如至寶，日夜研讀。不久「文革」開始，僅在深夜才有兩三個小時的研討。先後積十幾年的零碎時間，寫成禮漢簡異文釋、禮漢簡七篇為古文或本考、漢簡服傳考、禮漢簡非慶氏經本辨、輯

成武威出土禮漢簡考辨四種。脫稿後即送請顧頡剛先生審閱，顧先生覆信説：「……並賜尊著，精密沈博，自武威漢簡出土以來，至今始得確切之評價，欣喜贊歎，有如面聆教益。獨惜誤定學派之陳夢家君早已逝世，無從給與一讀耳。……所惜者，近來並一刊物可發表大作者」。誠如顧先生所言，在「文革」過後的頭幾年裡還沒有發表機會。異文釋起先寫成四十萬字，想想既然出版無望，那就留待後人再去讀，不如改為文言文，字數便縮減到十六萬。除了考辨之外，還用文言文寫成許多短小單篇，輯成蓟闇述禮；這些小文章既是父親幾十年

治禮的心得體會，也是對論著考辨的點滴補充。考辨和述禮等著作都寫得不易，確確實實是作者的學問進入爐火純青境界之後其寶貴心血的結晶。直到一九八五年在文史上發表了服傳考，而異文釋乃于該刊一九九零年的第三十三輯起連載。

父親認為，武威出土的這個漢簡本未經劉向校理，原是古文書本，漢代人不識其字，用今文本對讀，重行隸寫，滲入不少今文字，成了古、今文錯雜並用之本。底本是古文，故可稱之為古文或本。此簡本證明：(一)儀禮有古文本，即秦焚書前已有

禮漢簡異文釋

三百十九

其書，決非為某些學者所稱由「漢人輯撰」；(二)既出于劉向之前，屬古文本，則足見康有為氏「古文經為劉歆偽造」云云，實係不負責任的浮詞虛說，而其所著新學偽經考亦隨禮漢簡的出土，便失去了學術價值。異文釋考釋此簡本之異文共列舉五百零九條，首先是具體論證「禮漢簡是儀禮古文或本」之屬性的觀點。其次，儀禮今本有若干章節為歷代學者所聚訟，迄未定論，此簡提供的異文表明今本有誤，據其改正，才得渙然冰釋，此乃這漢簡最善之處。異文釋等文對此加以充分闡發。再次，簡本保存六十多個無偏旁同聲假借字，據此可

以論定這是假借字的一項通例，足以推翻乾嘉以來訓詁學家所稱『形省』之說。簡本又保存二十多個古正字，這可證劉向校定群書，徹底地用漢代通行字改易古正字，後代所稱古今字，實是彼時擅改之字。簡本還有相當數量的形誤聲異之字係傳抄時產生。凡此幾端，異文釋等文為之一一指明或糾正，並予以論證。異文釋核定異文逾千言，並改正今本二千年相承之誤字二十幾個；且因確定簡本之屬性而「使經師鄭（玄）君雜糅今古文、破壞家法之冤獄，卒得大白于世」。如本稿第二百七十九頁上所云：「簡本縱多寫誤，終屬西漢之本，保存原書真面甚多，此即其勝義之尤著者」，則足見作者對這簡本十分看重。此外，陳夢家先生據這禮經漢簡本之篇次既不同于戴德（所持有之經）本、又不同于戴聖本，便草率斷其為后蒼弟子除大小戴以外的慶普之經本；異文釋等文論證簡本屬性而否定陳氏這一論斷。

父親撰文素來認真謹慎，異文釋手迹本更見其縝密精細，一絲不苟。原稿中本有十幾幅插圖，以前發表的鉛印本裡被略去，且有少數排印錯字（特別是排印時新製字多誤），標點符號也有些不同（例如異文等詞語加不加引號被改得頗不統一）。

這次影印的手迹本當然完整地保持了稿本原件的原貌，諒來讀者是歡迎的。我將手迹本與鉛印本對讀一過，愈加體會父親工作的細緻程度。譬如說，每一條開頭的硃筆經文，父親是按照漢簡圖版辨錄的，因武威漢簡之「摹本」、「釋文」章節中尚有少許摹錯、錄錯者。手迹本的幾幅插圖上有刪除記號，然而現仍保留刊出。本稿之篇名，由父親的摯友、學問頗佳的書法家吳諫齋先生題署；看筆迹，部分正文似亦由他協助作者謄寫的。

此手迹本的影印出版，或可作為對先父菿闇公逝

禮漢簡異文釋　三百廿一

世五周年的一種深沉紀念。如今禮學研究漸趨興盛，對儀禮本文的考訂乃至對其意義的正確詮釋，無疑是禮學研究的重要基礎。父親對于武威出土禮漢簡的精深考辨，已被學界視作其諸多研究工作中的一項重大成果。

沈葹謹識于二零一四年元月

圖書在版編目（CIP）數據

禮漢簡異文釋·一函四册 / 沈文倬著 .— 杭州：浙江大學出版社，2014. 11
ISBN 978-7-308-13977-9

I. ①禮… Ⅱ. ①沈… Ⅲ. ①禮儀—研究—中國—漢代 Ⅳ. ① K892. 26

中國版本圖書館 CIP 數據核字（2014）第 246843 號

書名 禮漢簡異文釋
著者 沈文倬
出品人 魯東明
策劃 袁亞春 黄寶忠
責任編輯 張小莘 宋旭華
裝幀設計 項夢怡
出版發行 浙江大學出版社
（杭州市天目山路 148 號 郵政編碼 310007）
（網址：http://www.zjupress.com）
印刷 杭州蕭山古籍印務有限公司
字數 一六〇千
版印次 二〇一四年十一月第一版 二〇一四年十一月第一次印刷
書號 ISBN 978-7-308-13977-9
定價 二五〇〇圓